[社]**日本プロゴルフ協会**●監修

# 最新!
# ゴルフ
# ルール
# ハンドブック

## 230例＋イラスト解説でよくわかる！使いやすい！

### ●本書を利用するにあたって

1. 本書の回答解説は分かりやすくをモットーとして解説してあり、そのため関連規則の一部が省略されたり、あるいは理解しやすく意訳されている場合もあります。関連条文（ゴルフ規則）の全文を正しく知るためには、ゴルフ規則やゴルフ規則裁定集【(財)日本ゴルフ協会発行】を参照ください。
2. 本書の質問や回答は「ストロークプレー」を前提にして解説していますので、「マッチプレー」とは回答が異なってくるものがありますので、注意してください。

永岡書店

# ルール改訂の要点

### ●「アドレス」の定義が変わり、ハザード内ではアドレスの概念がなくなった（定義2・球にアドレス）。

これまでは「スタンスをとってクラブを地面に付けたとき」（ハザード内では「スタンスをとったとき」）に「球にアドレスした」とされていましたが、今回の改訂ではスタンスをとったかどうかにかかわらず、球の直前、または直後の地面にクラブを置いたときに「球にアドレスした」と定義が修正されました。したがって、ハザード内では地面にクラブを置けないため、アドレスすること自体を規定していません。

### ●スタート時間から5分以内の遅刻に対し、2罰打とすることが規則で制定された（規則6−3a）。

スタート時間には遅れても5分以内に到着した場合、競技失格でなく、ストロークプレーでは2打の罰に軽減することが、従来は「競技の条件で制定できる」とされていましたが、今回の改訂で規則として制定されました。

### ●バンカー内で球がルースインペディメントに被われていると思われている場合に、捜索をして球を動かしたときは、1打の罰に修正された（規則18−2a）。

バンカー内で球がルースインペディメントで被われていると思われる場合に捜索していて球を動かしたときは、規則18−2aに基づいて1打の罰が適用となります。球が砂に被われている場合、プレーヤーはコース上のどこででも球を捜索できます。そのような状況で球が動かされても罰はありません。

- ●コース保護のために、球を打つ前でもハザード内の砂や土をならすことが認められた（規則13－4）。

コースを保護する目的で、かつ球のライやスタンス、スイングの区域、プレー線の改善とならないことを条件に、そのハザードでプレーする前を含めて、いつでもハザード内の砂や土をならすことが認められました。

- ●アドレスした後に球が動いても、プレーヤーがその球を動かす原因となっていない場合、罰は免除される（規則18－2b例外）。

球がアドレスした後に動いた場合でも、プレーヤーがその球を動かす原因となっていないことがわかっているか、ほぼ確実であるときは、罰がなくなりました。その球は新しい位置からプレーします。

- ●誤所からのプレーをした場合、ほとんどの場合、罰は2打に制限されることが規定された（規則20－7c）。

プレーヤーが誤所からのプレーをした場合、そのストロークを行う前に他の規則に違反していたとしても、ほとんどの場合は、罰が2打に制限されることが規定されました。

- ●ティー、手袋の他、距離計測器などについて、付属規則によって一般的な規定が定められた（付属規則Ⅳ）。

距離測定器については、距離だけを計測するものについてはローカルルールによって使用を認められています。ローカルルールで制定されていない場合は、正規のラウンド中に使用することは認められないことが明確化されました。

# もくじ

## エチケット&マナー　14

スタート時間の厳守と球の識別マーク／14　スイング前に安全を確認／15　コースの保護を考える／16　砂は必ずならしておく／17　ボールマークは必ず直す／18　グリーン面を傷めない／19　プレーのじゃまをしない／20　プレーは早くしよう／21

## ゴルフ用語解説　22

コースの構成／22　クラブの種類と名称／26　競技者と同伴競技者／28　局外者／28　携帯品／28　キャディー／29　フォアキャディー／29　オナー／29　マーカー／29　球にアドレス／30　スイングとストローク／30　アウトオブバウンズ（OB）／30　ウォーターハザード／30　目的外のパッティンググリーン／31　アドバイス／32　紛失球（ロストボール）／32　暫定球／32　障害物／33　異常なグラウンド状態／34　修理地（グラウンドアンダーリペア）／34　カジュアルウォーター／34　プレーの線／35　罰打／35　ラブオブザグリーン／35　正規のラウンド／35　ルースインペディメント／35　アンプレヤブル／36　救済のニヤレストポイント／36　インプレーの球／36　球が動く／36　誤球／37　誤所／37　スタイミー／37　セミラフ／38　グリーンカラー／38　パットの線／38　ドロップ／38　プレースとリプレース／38　ボールマーク／38　ボールマーカー／

39 ホールに入る／39

## トラブルでの処置のしかた　　40

動かせない障害物からの処置／40　修理地・カジュアルウォーターでの処置／44　アンプレヤブルの処置のしかた／46　ウォーターハザードでの処置／48　ラテラル・ウォーターハザードでの処置／50　球の拾い上げとリプレース／51　ドロップのしかた／52　再ドロップするとき／52

## コースが独自に決める規則　　54

無罰で球をプレースできる／54　指定ドロップ区域を設ける／55　地面にくい込んでいる球／55　1ペナ杭／56　プレーイング4／56

● コースの場所別・ルール

## ティーインググラウンド

同伴競技者にハザードなどの場所を聞いた … 58
ティーインググラウンドの近くでパットの練習をした … 59
ティーアップした球の後ろの芝を踏んだ … 60
アドレス後にティーから球が落ちた ……… 61
スタンスがティー区域外に出ていた ……… 62
球がティーマーカーの後ろに止まった …… 63
バッグをのぞき何番を使ったかを見た …… 64

# もくじ

打順を間違えて先に打った …………… 65
グリップにタオルを巻いて打った …… 66
レディース・ティーから打った ……… 67
じゃまになる小枝を折った …………… 68
打球がOBや紛失の可能性のあるガケ下に飛んだ … 69
同伴競技者に告げずに「暫定球」を打った … 70
同伴競技者に何番で打ったかを聞いた … 71
間違って同伴競技者のクラブで打った … 72
ティーから落ちた球を再ティーアップした … 73
空振りしたが球はティーから落ちなかった … 74
方向確認のクラブを取り除いてから打った … 75
スタート前にクラブに鉛を貼った ……… 76
ティー区域外から打ってOBになった … 77
打てないのでアンプレヤブルにしたい … 78
池に入ったものとしてドロップして打った … 79
クラブを15本以上入れたままスタートした … 80
ティーマーカーの位置を変えた ………… 81
途中で止めたスイングが球に当たった … 82
スイングを途中で止めたら球の上を通り過ぎた … 83
OB後打ち直しで球がティーから落ちた … 84
球の手前の芝草を踏みならして打った … 85
5インチのティーに球を乗せて打った … 86
ホールとホールの間で球を打った ……… 87
アドレスし直したら球がティーから落ちた … 88

## スルーザグリーン

フェアウェイに落ちている松ぼっくりを打った … 89
何ヤードを示す距離標示杭かを聞いた …… 90

| | |
|---|---|
| 池を越すために何ヤード必要なのかを聞いた | 91 |
| アドレスしたら球が揺らいだ | 92 |
| 同時に打った2つの球が当たった | 93 |
| 修理地内で自分の球を動かした | 94 |
| ドロップ範囲の外の茂みを折った | 95 |
| 打った球が同伴競技者に当たった | 96 |
| 小枝を取り除いたら球が動いた | 97 |
| 球が同伴競技者の球に当たった | 98 |
| 支柱の内側に球が止まり打てない | 99 |
| 球が舗装道路の上に止まった | 100 |
| 球がOB手前の金網に接して止まった | 101 |
| 球の横を踏んだら水が滲み出てきた | 102 |
| 足で強く踏んでアドレスしたら水が滲み出てきた | 103 |
| 球が泥だらけで見分けがつかない | 104 |
| ヘッドに貼ってあった鉛が取れていた | 105 |
| フェアウェイの球をカラスが持っていった | 106 |
| 岩に当たり変形した球を取り替えたい | 107 |
| 紛失した球がホールインしていた | 108 |
| ドロップしたらフェアウェイに止まった | 109 |
| ラフに沈んだ球を草を分けて確認した | 110 |
| 球が排水溝のふたの上に止まった | 111 |
| 動物の土盛りがスタンスのじゃまになる | 112 |
| 打ち直しに戻りかけたら球が見つかった | 113 |
| 同伴競技者の球の方が近かったが先に打った | 114 |
| 2つの球が近接してじゃまになる | 115 |
| 拾い上げたら同伴競技者の球だった | 116 |
| 池の標示杭に球が接して打てない | 117 |
| じゃまになる小枝を絡ませて打った | 118 |
| 支柱のある根に球が挟まれて打てない | 119 |
| 球が木の枝に引っかかり確認できない | 120 |

# もくじ

同伴競技者と自分の球が区別できない ……  121
枝の上に止まった自分の球が打てない ……  122
識別できない球をゆすって落とした ……  123
球がアドレス後にディボット跡に落ちた …  124
ラフでアドレスしたら球が沈んだ ……  125
素振りしたら球が動いた ……  126
芝に浮いた球を2度打ちした ……  127
同伴競技者の球を打ってしまった ……  128
同伴競技者の球を打ちOBになった ……  129
球の後ろの芝を踏みつけてから打った ……  130
初球を放棄し暫定球でプレーを続けた ……  131
誤球に気づきもう一度打ったがまた誤球だった …  132
芝を踏みならした場所にドロップした ……  133
球のある急斜面で足場を作り打った ……  134
暫定球を打ってから初球が見つかった ……  135
共用カートに当たりフェアウェイに出た ……  136
林の中で打った球が自分に当たった ……  137
初球が見当たらず2罰打でドロップした …  138
じゃまなOB杭を抜いて球を打った ……  139
球が自動車に当たりOBになった ……  140
ラフで捜索中に自分の球を蹴った ……  141
泥んこの球を拾い上げて拭いた ……  142
バックスイングしたら小枝が折れた ……  143
救済でドロップしたら目の前が草の山だった … 144
障害物からの救済で3回もドロップした … 145
救済でドロップした球が足に当たった ……  146
ラフでドロップしたら球がバンカーへ落ちた … 147
再ドロップした球が地面にくい込んだ ……  148
OB側にスタンスして球を打った ……  149
抜かれたOB杭に球が接して止まった ……  150

暫定球と思って打ったら紛失球だった …… 151
ウォーターハザードの上の木に球が止まった … 152
「やはり6番だった」と同伴競技者にいった … 153
隣りのホールからの球を打ち返した …… 154
練習場の球を練習場に打ち返した …… 155
スイングを始めるときに球が動いたが打った … 156
動いている球をそのまま打った …… 157
アドレス後に球が動きOBになった …… 158
キャディーが同伴競技者の球を蹴った …… 159
キャディーが自分の球を拾い上げた …… 160
共用カートで自分の球を動かした ………… 161
プレー中に球を取り替えてプレーした …… 162
スタンスの場所を作ったが改めた …… 163
引き戻したクラブが球に当たった …… 164
左打ちで救済を受け右打ちでプレーを続けた … 165
救済を受けると打てないので元に戻した …… 166
球を打った後に芝を戻したらOBだった …… 167
プレースした球が止まらない ………… 168
距離を計測する電子機器を使った …… 169
アンプレヤブルのドロップで球が元の位置に戻った … 170
樹木の支柱からの救済でドロップしたら元の位置に … 171
球の確認のためにキャディーが拾い上げた … 172
ドロップした球が自分のではなかった …… 173
OB際の球を同伴競技者が拾い上げた …… 174
空き缶に寄りかかった球をドロップした …… 175
5分以上捜して見つかった球でプレーを続けた … 176
空振りの後、アンプレヤブルを宣言した …… 177
左打ちでヘッドの背面で球を打った …… 178
アンプレヤブルにせず修理地の救済を受けた … 179
樹木の支柱からの救済で誤所にドロップした … 180

# もくじ

じゃまになるディボットを元に戻した ……　181
リプレースの後に修理地からの救済を受けた …　182
距離を測ろうとして球を動かした ……　183
空き缶が球をハザードに落とした ……　184
間違って別の球でドロップした ……　185
斜面での球が地面にくい込んだ ……　186
修理地の木の枝がスイングの妨げになる ……　187
カジュアルウォーターから２度の救済を受けた …　188
ルースインペディメントを取り除いた ……　189
目土をしたところにスタンスした ……　190
障害物の中の球を取り戻せない ……　191
OB杭からの救済でドロップした ……　192
枝についた水滴を振り落としてアドレスした …　193
２つの障害から１つずつ救済を受けた ……　194
距離標示杭を抜いて打った ……　195
ロストボールをドロップした ……　196
ラフの球をバンカーにドロップした ……　197
レフェリーが間違った判定を示した ……　198

## ウォーターハザード

水のないウォーターハザードから直接打った　199
ハザード区域外の水の中に球がある ……　200
クラブがハザード内の草に触れた ……　201
ハザード内の球が流されてOBになった …　202
球が池の先の土手に当たって落ちた ……　203
グリーン奥から手前の池に落ちた ……　204
橋の上に球が止まってしまった ……　205
別の球を打ったら初球が見つかった ……　206

球のそばにある紙コップを取り除いた …… 207
球にかぶさっている小枝を取り除いた …… 208
OBの後、ハザードの処置をとった …… 209
池の地面に埋まった球を拾い上げた …… 210
ラテラル・ウォーターハザードと間違えた …… 211
ハザードの球をキャディーが拾い上げた …… 212
芝を短く刈った地面にアドレスした …… 213
ハザードで打ったらロストボールだった …… 214
ハザードの外から球にソールした …… 215
クラブの汚れをハザードの水で落とした …… 216
ハザードの救済でバンカーにドロップした …… 217
水に流されている球を打った …… 218
ハザードの斜面に止まった球を動かした …… 219

## バンカー

同伴競技者の球を打ってしまった …… 220
球のライに影響する小枝を同伴競技者が動かした …… 221
球にかかった砂を取り除いた …… 222
枯れ葉を取り除き球を確認した …… 223
球に吸いがらがかぶさっていた …… 224
クラブをバンカー内に置いて打った …… 225
バンカーならしを取ったら球がバンカーに落ちた …… 226
全面水浸しのバンカーに球が入った …… 227
足場を固めていたら球が動いた …… 228
球にかぶさった枯れ葉を取り除いて打った …… 229
バックスイングでヘッドが砂に触れた …… 230
バンカーならしを砂に突き刺した …… 231
荒れていた場所を打つ前にならした …… 232

# もくじ

砂をならすときに小枝を動かした ………… 233
砂をならした所へ球が後戻りした ………… 234
球が砂と芝の間にめり込んで打てない ……… 235
自分の球を確認するため拾い上げた ………… 236
クラブでバンカーの砂をたたいた …………… 237
OBになったので砂をならした所にドロップした … 238
紙コップを取り除いたら小枝が動いた ……… 239
球が砂の上に出ている草の上に止まった … 240
バンカー外の球にアドレスし砂に触れた … 241
バンカー内での練習スイングで砂に触れた … 242
飛んできたディボットを取り除いた ………… 243
盛り上がった土を元に戻した ………………… 244
転びそうになってクラブを砂につけた ……… 245
バンカーにクラブを投げ入れた ……………… 246
球が足に寄りかかるようにして止まった … 247
バンカーの斜面を崩してスタンスをとった … 248
ホールに近い球を拾い上げた ………………… 249
バンカー内でスタンスを2度取り直した … 250
打球がキャディーの持つバンカーならしに当たった … 251

## パッティンググリーン

エッジの球がグリーンに触れている ………… 252
ホールに近いグリーン外の球を先に打った … 253
スパイクの傷跡を踏みつけた ………………… 254
ボールマークを直してパットする …………… 255
パットの線上に水たまりがある ……………… 256
パターの背面で打ちホールアウトした ……… 257
距離の異なる位置から同時に打った球が当たった … 258

| 同時にパットした2つの球が当たった | 259 |
| 止まった球が風でホールインした | 260 |
| 同伴競技者の球が動いているのに自球を拾い上げた | 261 |
| パットの線をスパイクで傷つけた | 262 |
| コインがパターの裏について移動した | 263 |
| ボールマーカーを落とし球を動かした | 264 |
| 球を落としグリーン上の球を動かした | 265 |
| マークしないで球を拾い上げた | 266 |
| キャディーの指した旗竿を狙いパットした | 267 |
| パットしたら同伴競技者の球に当たった | 268 |
| ホールと球の間の砂を取り除いた | 269 |
| 球が当たりそうなのでキャディーが旗竿を抜いた | 270 |
| 球が当たりそうなので同伴競技者が旗竿を抜いた | 271 |
| 同伴競技者の足に当たってホールインした | 272 |
| 旗竿に球が当たりホールインした | 273 |
| 旗竿を抜くと球が出てしまった | 274 |
| 「OK」が出たので球を拾い上げた | 275 |
| プレー終了後ホールのふちの傷跡を直した | 276 |
| パット線上の芝をパターで押しつけた | 277 |
| 球をキャディーに投げたらバンカーに入った | 278 |
| 動かしたボールマーカーを元に戻さずパットした | 279 |
| 球で芝を擦るように引き戻した | 280 |
| ホールと球を結んだ後方線上を踏んだ | 281 |
| インプレーでない球に当たった | 282 |
| 球1個分離してマークした | 283 |
| キャディーが球をリプレースした | 284 |
| 左手で傘を持ち右手で球を打った | 285 |
| パットの線上の砂を帽子で払いのけた | 286 |
| パットの後方延長線を踏んでストロークした | 287 |

# エチケット&マナー

## スタート時間の厳守と球の識別マーク

◆**スタート時間に遅れると競技失格も**

スタートのホールへは早めに行き、前の組が打ち終わるのを静かにして待ちましょう。スタート時間に遅れると競技失格ですが、スタート時間後5分以内にプレーできる状態でスタート地点に到着したときは、最初のホールで2罰打に軽減されます［規則6-3a・参照］。

◆**時間より早くスタートもできない**

規則上は早くスタートしても競技失格。しかし5分以内の遅刻と同じように、5分以内の早いスタートなら最初のホールで2罰打に軽減されています［裁定集6-3a／5・参照］。

◆**球に印をつけておく**

自分の球に印（識別マーク）をつけて、どんなときも自分の球と確認できるようにしておきます［規則6-5・参照］。

― これだけは守ろう ―

前の組が自分の最大飛距離以上離れてから球を打つ。

周囲に人がいないかどうかを確かめる。

## スイング前に安全を確認

### ◆危険な場所に人がいないか確認する

ゴルフは見方によってはたいへん危険の多いスポーツで、振ったクラブが他人に当たったり、練習スイングで小石や球を飛ばしてしまったりすることもあります。周りの危険と思われるようなところに人がいないか確かめてから、球を打ちます。

### ◆前の組に打ち込まない

ティーインググラウンドを含め球を打つときには、自分の最大飛距離以上前の組が先に進んでから、ショットします。万一他の人のいる方に球が飛んでいったら、すぐに大きな声で「フォアー」と叫び、危険を知らせます。

# エチケット&マナー

コースを傷めるような素振りはしないように…。

打った後削り取った芝は、必ず元に戻して直しておく。

## コースの保護を考える

### ◆コースを傷める素振りをしない

芝を削り取って、コースを傷めるような素振りはしないようにしましょう。

### ◆ディボット跡は必ず直す

削り取ってしまった芝（ディボット）は必ず元の位置のディボット跡に戻して、スパイクで踏みつけ直しておきます。

またそのままになっているディボット跡には目土(めつち)を入れ直しておきます。

― これだけは守ろう ―

バンカーショットの後は、必ず砂をならす。

入り口

## 砂は必ずならしておく

◆**バンカーには土手が低く球に近い場所から入る**
　バンカーに入るときは土手が低くなっていて球に近い場所から入るようにします。バンカーを出るときも、同じルートを通ります。

◆**バンカーならしをそばに置く**
　ショットしてからすぐに取れるように、バンカーならしを球の近くに置いておきます。

◆**バンカーショットの後は砂をならす**
　バンカーショットの後は必ず砂をならします。

# エチケット&マナー

いずれも根を切らないように芝を中央に寄せる。

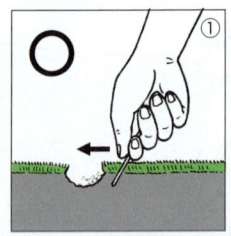

①

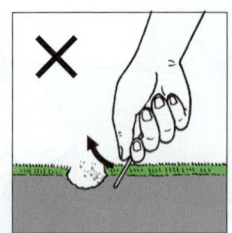

持ち上げてしまうと根が切れてしまう。

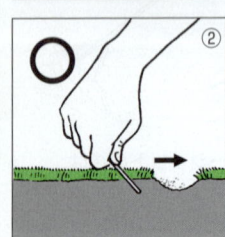

②

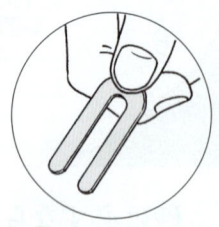

グリーンフォーク

## 🏌 ボールマークは必ず直す

　グリーンに上がったら、必ずボールマーク（球の落下の衝撃でできた凹み）を直します。プレーヤーが直せるグリーンの損傷はボールマークと古いホールの埋め跡だけです。

— これだけは守ろう —

人のパッティングラインを踏まない。

## 🏌 グリーン面を傷めない

### ◆スパイクを引きずらない
グリーン上ではスパイクを引きずって歩いたり走ったりせず、グリーンの面を傷つけないようにします。

### ◆人のラインを踏まない
同伴競技者のパッティングラインは絶対に踏まないようにします。グリーンに傷がつくとラインが微妙に変わってしまうからです。

### ◆ホールアウト後に直す
スパイク跡などのグリーンの損傷はすべてのプレーヤーがホールアウトしてから直しましょう。

# エチケット&マナー

プレーの線の方向に立たない。

抜いた旗竿はなるべくグリーンの外に置く。

## 🏌 プレーのじゃまをしない

### ◆視界に入る場所に立たない
　グリーン上でパッティングしている人のライン上や前方（視界に入る場所）には絶対に立ってはいけません。これはパットをするときだけではなく、すべてのショットをするときも同じです。

### ◆抜いた旗竿はグリーンの外に置く
　旗竿は先にホールアウトした人が持ち、抜いた旗竿はグリーン面を傷めないためにも、なるべくグリーンの外に置きます。

— これだけは守ろう —

次打に必要なクラブを持って移動する。

## プレーは早くしよう

◆**次打に必要なクラブを持っていく**

　ショットを終えたら、次のショットで使いそうなクラブを数本持ち、球のあるところへ早足で移動します。

◆**予備球は必ずポケットに入れておく**

　紛失球になったり、ＯＢやウォーターハザードに入ることがありますので、あらかじめ予備球をポケットに入れておきます。

◆**状況やプレーのラインを読んでおく**

　同伴競技者がプレーしている間に、次の自分のショットでどこを狙い、どのくらいの距離を打ったらよいかなど、あらかじめ戦略を立て次のプレーに備えておきます。

◆**グリーン上でも時間をかけない**

　グリーンの芝目やラインの読みに時間をかけすぎず、速やかにパットします。プレーヤー全員がホールアウトしたら、旗竿を立てて素早くグリーンの外へ出ます。

# ゴルフ用語解説

## コースの構成

 ゴルフ競技は18ホール(1ラウンド)を単位としてプレーし、その全地域を「コース」と呼びます。規則上のコースは次の1)〜4)の4つの区域から構成されています。

### 1)ティーインググラウンド

 ティーインググラウンドはこれからプレーを

— これだけは知っておこう —

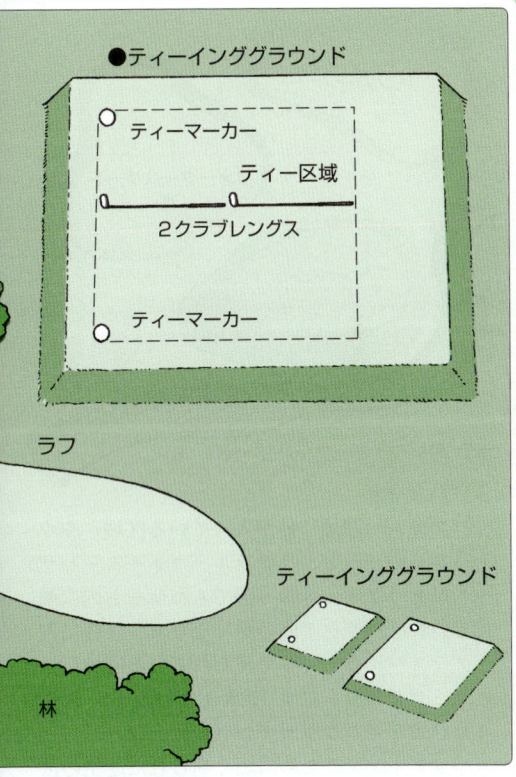

しようとするホールのスタート場所で、その大きさは2つのティーマーカーの外側を線で結び、その線から奥行き2クラブレングス（クラブ2本分の長さ）の四角い区域です［定義56・参照］。

2）スルーザグリーン

現にプレーしているホールのティーインググラウンドとグリーン、コース内のすべてのハザードを除いた区域をいいます［定義59・参照］。

# ゴルフ用語解説

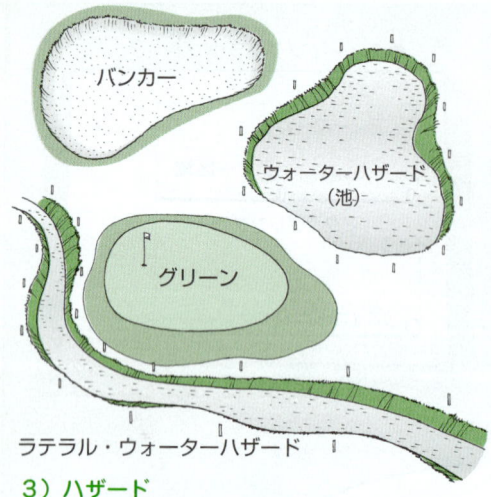

ラテラル・ウォーターハザード

### 3）ハザード

バンカー（凹地に砂が入っている区域）やウォーターハザード、ラテラル・ウォーターハザードがあります。球の一部でもハザード内に触れていればハザード内の球になります。俗に言うグラスバンカー（草で覆われている凹地）はスルーザグリーンです［定義9 25 29 60・参照］。

### 4）パッティンググリーン（グリーン）

パッティングのために短く刈られた芝生の区域がパッティンググリーンです。通常は単にグリーンと呼んでいます。他のホールのグリーンと練習グリーンは目的外のパッティンググリーンとなり、予備のグリーンは目的外のグリーンですが、コースによってはローカルルールで、修理地とされています。

球の一部がグリーンに触れていれば、グリーン上の球になります［定義45 62・参照］。

― これだけは知っておこう ―

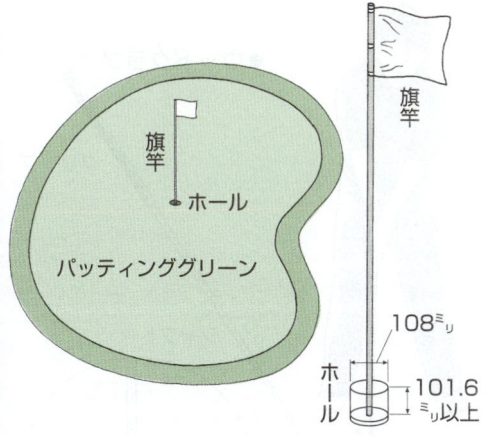

### 5）フェアウェイ

スルーザグリーンの内の「芝を短く刈ってある区域」をフェアウェイといいます。ラフ（セミラフ）とはフェアウェイより芝を長く伸ばしてある区域のことです。

### 6）旗竿（フラッグ・スティック）

グリーン上のホールの位置を示すために立ててある旗竿のことです。フラッグとかピンともいわれています［定義18・参照］。

### 7）ホール

パッティンググリーン上に切られた、プレーヤーが、最終的に球を入れる穴を指します［定義26・参照］。また、1番ホールとか、2番ホールというようにティーインググラウンドからパッティンググリーンまでの区域を指す意味にも使われます。

# ゴルフ用語解説

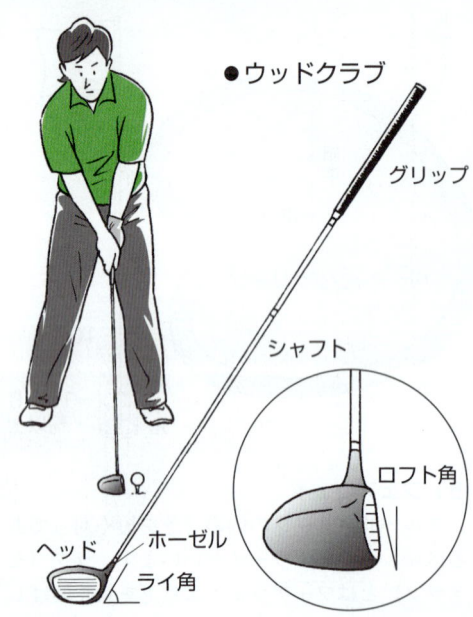

●ウッドクラブ

グリップ
シャフト
ロフト角
ヘッド　ホーゼル
ライ角

## クラブの種類と名称

### 1）ウッドクラブ

　初めはヘッドが木製だったのでこの名前がつきましたが、最近はカーボンやメタル、チタンといった新素材の開発で、ウッドの形をしていれば、どんな素材でもこの仲間に入れています。

　番手によってそれぞれ名前がついています。

　1番ウッド　ドライバー
　3番ウッド　スプーン
　4番ウッド　バッフィ
　5番ウッド　クリーク　（3番以下をフェアウェイウッドという）

― これだけは知っておこう ―

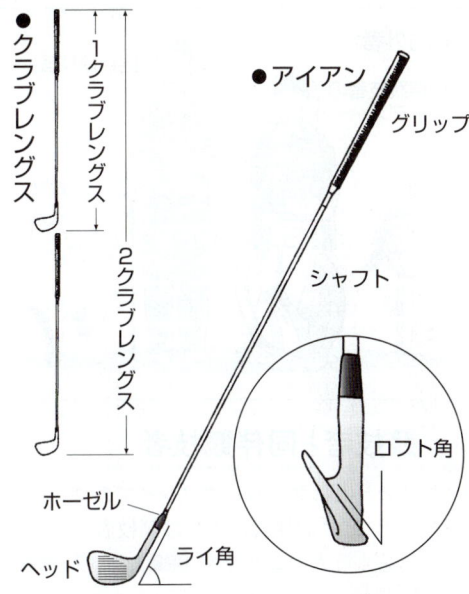

## 2）アイアン

クラブヘッドがウッドと違って厚みがなく金属で作られているクラブの俗称で、1番（ドライビングアイアン）から9番までとPW（ピッチングウェッジ）、AW（アプローチウェッジ）、SW（サンドウェッジ）などがあります。パターはアイアンではありません。いわゆるジガーとかチッパーもアイアンのカテゴリーに入ります。

## 3）クラブレングス

クラブの長さのことで、ルールで「2クラブレングス以内」というのは2本分のクラブの長さ以内ということです。クラブはどれを使って計っても良いことになっています。

# ゴルフ用語解説

● 局外者
同伴競技者のキャディー
同伴競技者
動物
鳥

## 競技者と同伴競技者

「競技者」とはストロークプレーでのプレーヤーのことで、「同伴競技者」は競技者と一緒にプレーをする人のことです［定義14 17・参照］。

## 局外者

ストロークプレーでは競技者サイドに属していないすべてのものを含みます。つまり、同伴競技者と同伴競技者の携帯品やキャディー、フォアキャディー、審判員、マーカー、ギャラリー、動物（犬など）、鳥（カラスなど）などのことです。水と風は局外者ではありません［定義41・参照］。

## 携帯品

プレーヤーのクラブ、キャディーバッグや着ているウェア、その他持ち運んでいるすべての物やゴルフカートなどをいいます。ただし、現

に使用している球、ボールマーカー、ティーペッグなどは入りません［定義16・参照］。

## キャディー

プレーの行われている間プレーヤーのクラブなどを持ち運んだり、規則にしたがって援助したりする人をいいます。共用のキャディーは、他のプレーヤーの特定の指示を受けて行動しているときを除き、そのプレーヤーのキャディーとみなされそのキャディーの持ち運んでいる携帯品は、すべてそのプレーヤーの携帯品と見なされます［定義11・参照］。

## フォアキャディー

プレーヤーの球の所在や、OBになったかどうかを旗で知らせたりするために委員会が配置した人をいいます。フォアキャディーは規則上の扱いは局外者です［定義19・参照］。

## オナー

ティーインググラウンドで初めに球を打つプレーヤーのことで、スターティングホールではくじ引きなどで決めますが、2番目のホールからは、前のホールで一番スコアのよかった人がオナーになります。つまり、オナーとは最初にティーショットを打てる名誉のことです［定義28・参照］。

## マーカー

ストロークプレーでの競技者のスコアを記録させるために、委員会が指名した人をいいます［定義34・参照］。

# ゴルフ用語解説

## 球にアドレス

　プレーヤーがスタンスをとっていたかどうかにかかわらず、球の直前または直後の地面にクラブを置いたときに、そのプレーヤーは「球にアドレス」したことになります。ハザード内では地面にクラブを置けないので、アドレスするという概念がありません［定義2・参照］。

## スイングとストローク

　ルール上では「ストロークとは球を打つ意思をもってクラブを前方に動かすこと」としています。つまり、ダウンスイングを自らの意思で明らかに止めようとしたときには、たとえヘッドが球より前に出ても「ストローク」したことになりません［定義54・参照］。

## アウトオブバウンズ（OB）

　コース外の区域のことで、OBは通常白杭によって標示されています。白杭のコース側を地表レベルで結んだ直線がOBラインで、OBラインは垂直に上下に及びます。球がそのラインから完全にOB側にあるときOBの球となり、球が少しでもOBラインよりコース側に出ていれば、インバウンズの球となります［定義40・参照］。

## ウォーターハザード

　コース内の海や湖、池、川、溝、排水路、その他の開きょ（ふたをしていない水路）をいいます。ウォーターハザードは通常黄色の杭または線で標示されています。杭のコース側を地表

― これだけは知っておこう ―

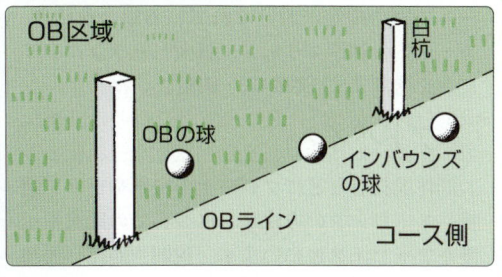

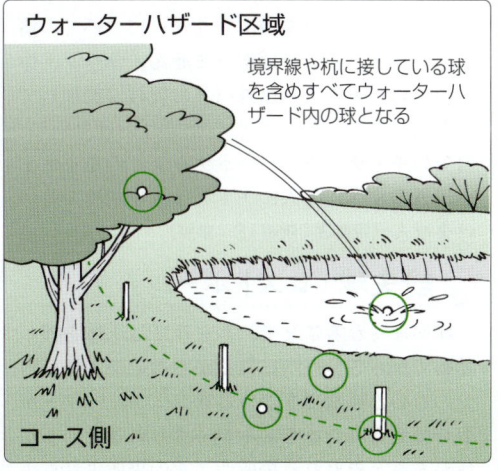

レベルで結んだラインがウォーターハザードとの境界線となり、杭自体はウォーターハザード内となります。またこのラインは垂直に上下に及びます［定義60・参照］。

## 目的外のパッティンググリーン

プレー中のホールのパッティンググリーン以外のすべてのグリーンをいいます。ローカルル

# ゴルフ用語解説

ールで別の規定が設けられている場合を除き、コース内の練習グリーン、練習ピッチンググリーンを含みます［定義62・参照］。

## アドバイス

同伴競技者などにプレー上の決断やクラブ選択、ストロークの方法などについての助言や示唆をアドバイスといいます。規則や距離、周知のこと（例えばハザードの位置や、パッティンググリーン上の旗竿の位置など）についての情報は、アドバイスではありません。ラウンド中に自分のパートナー以外（その競技に参加している人）にアドバイスを与えてはいけないし、自分のキャディー、パートナー、そのキャディー以外のすべての人にアドバイスを求めてもいけません［定義3　規則18・参照］。

## 紛失球（ロストボール）

球がなくなることで、ルールでは①球を捜し始めてから5分以内に見つからないか、球が自分のものと識別できないとき、②プレーヤーが取り替えられた球をストロークしたとき、③初球があると思われる場所か、その場所よりもホールに近い地点から暫定球をストロークしたとき、④ストロークと距離の処置に基づいて別の球をインプレーにしたとき、⑤規則24-3、25-1c、26-1に基づいて別の球をインプレーにしたとき、としています［定義33・参照］。

## 暫定球

暫定球は、OBの恐れのあるときやウォーター

― これだけは知っておこう ―

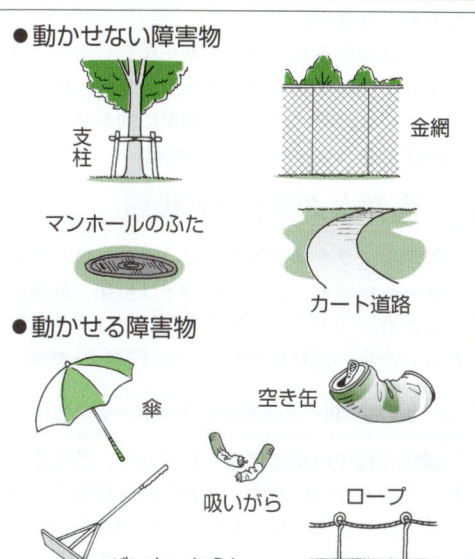

ハザード以外で紛失したと思われる場合にしか打つことができません。暫定球を打つときは、同伴競技者に「暫定球を打ちます」と宣言してから打たなくてはなりません［定義44　規則27－2・参照］。

## 障害物

　人工の物件が障害物になります。障害物には①動かせない障害物と、②動かせる障害物があります。

　①に該当するものはコース内にある樹木の支柱やスプリンクラーヘッド、舗装（カート）道路の上や側面、マンホールのふた、金網、簡単に抜けないコース内にある杭（ＯＢ杭は除く）

# ゴルフ用語解説

などがあります。

　②に該当するものはバンカーならしやティーショット後のティーマーカー、空き缶、紙コップ、タバコの吸いがらなど簡単に動かせる人工の物件があります［定義38・参照］。

## 異常なグラウンド状態

　異常なグラウンド状態とは、カジュアルウォーターや修理地、穴掘り動物・は虫類・鳥類が作ったコース上の穴や、吐き出したりかき出したりした土、通り道をいいます［定義1・参照］。

## 修理地（グラウンドアンダーリペア）

　通常青杭や白線で標示されており、芝を張り替えたばかりの区域や、改造中の区域などが修理地になります。他に移すために積み上げられているものや、グリーンキーパーが作った穴などは、標示杭や白線がなくても修理地になります。修理地内のすべての地面と、草やかん木、樹木その他修理地内に生息しているものはすべて修理地の一部です［定義24・参照］。

## カジュアルウォーター

　雨や散水などでできた一時的な水たまりのことをいいます。ウォーターハザードの区域外にあふれ出た水たまりも含まれます。スタンスをとったときに、スパイクの周りに水たまりができれば、それも含まれます。が、踏みしめて水がしみ出てくる程度ではカジュアルウォーターではありません。また、自然の雪、氷はカジュアルウォーターですが、霜や露はカジュアルウ

オーターではありません［定義12・参照］。

## プレーの線

　ストロークして球を運びたい方向線をいい、その線に若干の合理的な幅を持たせたものとします。プレーの線は上に垂直に及ぶが、ホールを越えて先には及びません［定義30・参照］。

## 罰打

　該当する規則に基づいて、スコアに付加されるストローク数をいいます［定義43・参照］。

## ラブオブザグリーン

　動いている球が局外者により偶然方向を変えられたり、止められた場合をいいます［定義48　規則19－1・参照］。

## 正規のラウンド

　委員会が別途承認した場合を除き、コースの複数ホールを正しい順序でプレーすることから成ります。18ホールを1単位とすることが普通です［定義53・参照］。

## ルースインペディメント

　コース内にある木の枝や木の葉、石、動物の糞、虫類やその放出物と堆積物で、①地面に生えているものや固定しているもの、②土に固くくい込んでいるもの、③球に付着しているものを除き、ルースインペディメントになります。また、グリーン上ではバラバラの土や砂もルースインペディメントになります［定義32・参照］。

# ゴルフ用語解説

## アンプレヤブル

ゴルフは球をあるがままの状態でプレーするのが大原則ですが、木の根に球がくい込んでしまったりして、そのままでは打てないとき、あるいは打ちたくないときには、球がウォーターハザード内にある場合を除き、「アンプレヤブル」を宣言し、1罰打付加して救済を受けることができます［規則28・参照］。

## 救済のニヤレストポイント

たとえば球がスルーザグリーンにある場合、動かせない障害物などから救済を受けるには、まず救済のニヤレストポイントを決めなければなりません。障害物を避けてスタンスやスイングができ、ホールに近づかずに、ハザード外、グリーン外の場所で、球の止まっている地点から最も近い地点を決め、救済のニヤレストポイントとします［定義36 規則24-2 25-1 25-3・参照］。

## インプレーの球

ティーショットされた球はすぐにインプレーの球（プレー中の球）になります。紛失したり、OBになったり、拾い上げた場合、あるいは球を取り替えて別の球をプレーした場合を除いて、ホールアウトするまで「インプレーの球」です［定義7・参照］。

## 球が動く

球が止まっている位置から他の位置に移動し

— これだけは知っておこう —

て止まったとき、球は動いたとされます。球が動いても停止しないですぐに元の位置に戻れば、ルール上動いたことにはなりません。球は前後左右ばかりか、深いラフなどでは上下に動くこともあります［定義35・参照］。

## 誤球

コースにある自分のインプレーの球以外の球を打つと誤球のプレーになります。通常のプレーでは自分の球と間違えて同伴競技者の球を打ったり、コース内に放置されている球（紛失球など）を打ってしまったりすることがほとんどです［定義61・参照］。

## 誤所

ルール上許されている本来するべき地点とは違った地点にドロップやプレースした球をプレーしてしまうと、誤所からのプレーになります。例えば、グリーン上で間違って同伴競技者のマークした位置に球を置いてパットしてしまったり、救済のニヤレストポイントから１クラブレングス以上離れた地点にドロップして球を打ってしまうと、誤所からのプレーになります［規則20－7・参照］。

## スタイミー

球と目標のグリーンとの間に、木や障害物があるような状態のことです。「あの松の木がスタイミー（じゃま）になってグリーンが狙えない」などと使います。

# ゴルフ用語解説

## セミラフ

芝が長く伸びたラフと短く刈り込んだフェアウェイの間にある、ラフより短くフェアウェイよりも長めに刈り込まれた部分を指します。

## グリーンカラー

グリーンの周囲を取り囲み、グリーンより芝が少し長く刈り込んである部分のことです。

## パットの線

グリーン上でストロークしたあと球にとらせたい方向線で、その線の両側に若干の合理的な幅を持たせた線のことです［定義31・参照］。

## ドロップ

球を持ち、まっすぐ立って、腕を肩の高さに水平に伸ばし、球を落とすことです［規則20-2・参照］。

## プレースとリプレース

リプレースとは球を拾い上げた元の位置に同じ球を置くことです。たとえば、グリーン上でマークして拾い上げた球をマークした元の位置に置くことです。プレースとは元の位置とは違う場所に球を置いたり、元の位置に違う球を置くことです［規則20-3・参照］。

## ボールマーク

グリーン面に球が落ちてできた凹みのことです。パットする前に直すことができますので、

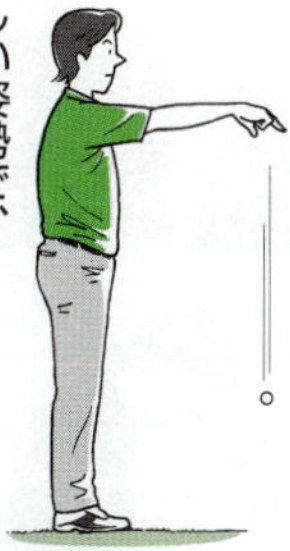

― これだけは知っておこう ―

正しい姿勢で、球を落とす

コインなど

球の後ろにマークする

必ず直すようにしましょう。

## ボールマーカー

　球を拾い上げるとき球のあった位置を示しておく（マークする）ための物で、小さな硬貨その他類似の物を使用すべきです［規則20−1・参照］。

## ホールに入る

　球がホール内に止まって、球全体がホールのふちより下にあるとき、「ホールに入った」といいます［定義27・参照］。

# トラブルでの処置のしかた

●動かせない障害物
　スルーザグリーン

プレーの方向 →

カート道路

○ 球

❶ もしカート道路がなかったら、止まっている球に対してどのようにストロークするかを想定する。

## 🏌 動かせない障害物からの処置

　ウォーターハザードやラテラル・ウォーターハザードにあるときを除き、動かせない障害物の中や上に球がある場合や、球がその障害物の近くにあって、スタンスや意図するスイングの区域の妨げになるときは、無罰で救済を受けることができます。

― これだけは覚えておこう ―

❷ ①で想定したストロークに対して、カート道路の障害がなくなる所で、ホールに近づかず、球の止まっている箇所にもっとも近い所にマークする。

◆スルーザグリーン

　ハザードでもグリーン上でもない場所にまず救済のニヤレストポイントを決める。その後で拾い上げた球を①救済のニヤレストポイントから１クラブレングス以内で、②救済のニヤレストポイントよりホールに近づかず、③動かせない障害物の障害が避けられ、④ハザードでもグリーン上でもない場所にドロップしなければならない。

# トラブルでの処置のしかた

●動かせない障害物
スルーザグリーン

カート道路

1クラブレングス　マーク（救済のニヤレストポイント）

❸ マークから1クラブレングスを測る。

◆バンカー内
①球を拾い上げ、スルーザグリーンに準じてドロップすることができる。ただし、救済のニヤレストポイントはバンカー内に決め、バンカー内にドロップしなければならない。
②1罰打を付加し、ホールと球を結ぶ線上で、そのバンカーの後方にドロップする。

― これだけは覚えておこう ―

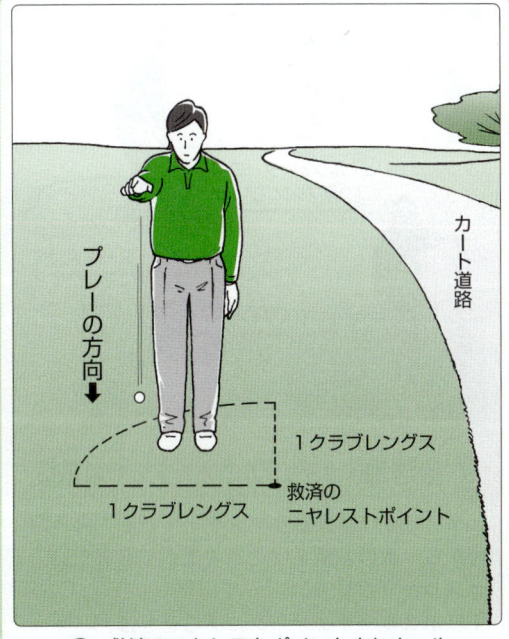

**プレーの方向**
カート道路
1クラブレングス
救済のニヤレストポイント
1クラブレングス

❹ 救済のニヤレストポイントよりホールに近づかずに1クラブレングス内にドロップする。

◆グリーン上

球がグリーン上にあるときは、その球を拾い上げ、ハザード以外の所の救済のニヤレストポイントにプレースしなければならない。救済のニヤレストポイントはグリーンの外であってもよい。

なお、拾い上げた球はふくことができる［規則24－2・参照］。

# トラブルでの処置のしかた

## ●カジュアルウォーター

スタンスがカジュアルウォーターの中
1クラブレングス
マークする
カジュアルウォーターを避けて
アドレス、球の所にマークする。

1クラブレングス内に
ドロップする。

プレーの方向
↓
マーク
1クラブレングス

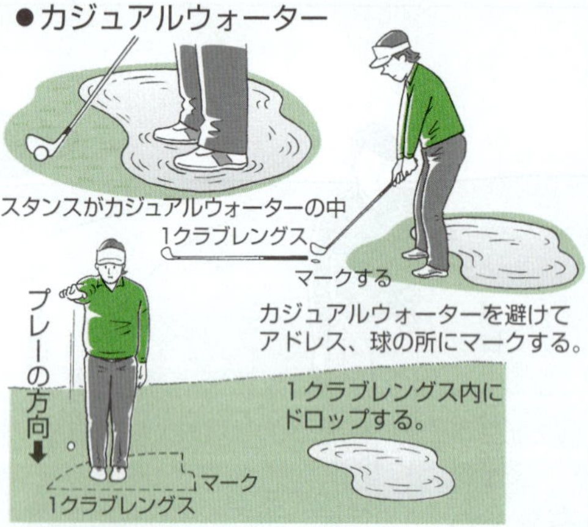

## 🏌 修理地・カジュアルウォーターでの処置

　プレーヤーは異常なグラウンド状態による障害から、次の救済を受けることができます。

### ◆スルーザグリーン

①球がスルーザグリーンにあるときは、ハザード内やグリーン上ではない場所に、まずニヤレストポイントを決めなければならない。

②そのあとで、球を拾い上げ、(イ)ニヤレストポイントから1クラブレングス以内で、(ロ)ニヤレストポイントよりホールに近づかずに、(ハ)異常なグラウンド状態による障害を避けられ、しかも(ニ)ハザード内やグリーン上でもないコース上の箇所にドロップしなければならない(無罰)。

### ◆バンカー内

　球がバンカー内にあるときは、球を拾い上げて次の処置をとらなければならない。

― これだけは覚えておこう ―

● 修理地

修理地を避けた所に救済のニヤレストポイントを決める。

修理地にある球

マークする（マークしなくてもよい）

↓プレーの方向

マーク

1クラブレングス

1クラブレングス内にドロップする。

1クラブレングス

1 無罰で、ニヤレストポイントもドロップ場所もバンカー内というほかは、すべて前記1と2に準じてドロップする。完全な救済が得られないときは、そのバンカー内でその状態から最大限の救済が得られる場所で、ホールに近づかずに、しかも球のあった箇所にできるだけ近い所にドロップする。

2 1罰打付加し、ホールと球のあった箇所を結んだ線上でバンカーの後方（距離に制限はない）にドロップする。

◆グリーン上

球がグリーン上にあるときは、罰なしに球を拾い上げ、ハザード以外の所のニヤレストポイントにプレースする。完全な救済が得られないときは、その状態から最大限の救済が受けられ、しかもホールに近づかずに、ハザード以外の所で球のあった箇所にできるだけ近い所にプレースする［規則25－1・参照］。

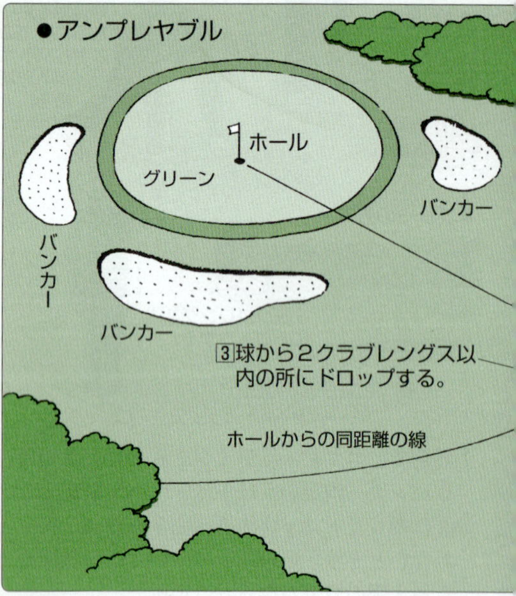

# トラブルでの処置のしかた

●アンプレヤブル

ホール
グリーン
バンカー
バンカー
バンカー

3 球から2クラブレングス以内の所にドロップする。

ホールからの同距離の線

## 🏐 アンプレヤブルの処置のしかた

　アンプレヤブルにするかどうかはプレーヤー自身が決めることで、ウォーターハザードの外に球があれば、コース上のどこでもアンプレヤブルにすることができます。

　アンプレヤブルと決めた場合には1罰打を付加して、次のいずれかの処置をとらなければなりません。

1 球を最後に打った場所にできるだけ近い箇所からプレーする。前位置がティーインググラウンドならティーアップでき、スルーザグリーンやバンカーならドロップ、グリーン上な

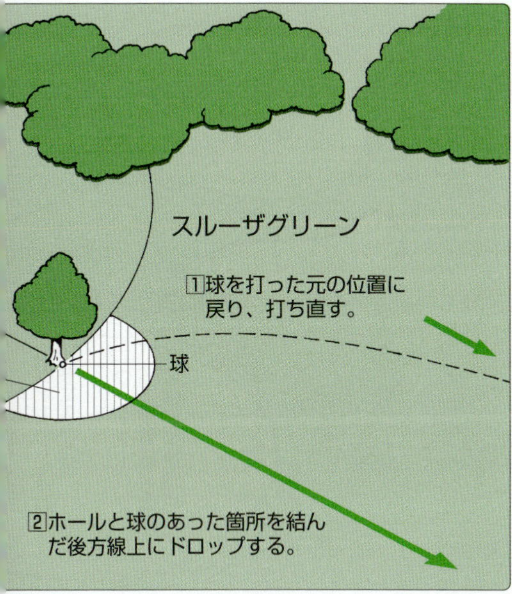

— これだけは覚えておこう —

スルーザグリーン

1 球を打った元の位置に戻り、打ち直す。

球

2 ホールと球のあった箇所を結んだ後方線上にドロップする。

らプレースする。この場合、別の球でもよい（2、3も同様）。

2 ホールと球のあった箇所を結んだ後方線上（距離の制限はない）にドロップする。

3 球のあった地点からホールに近づかないで、2クラブレングス以内の場所にドロップする。

＊アンプレヤブルの球がバンカー内にある場合にプレーヤーが2、3の処置を選んだときにはそのバンカー内にドロップしなければならない。

なお、拾い上げた球はふくことができる。

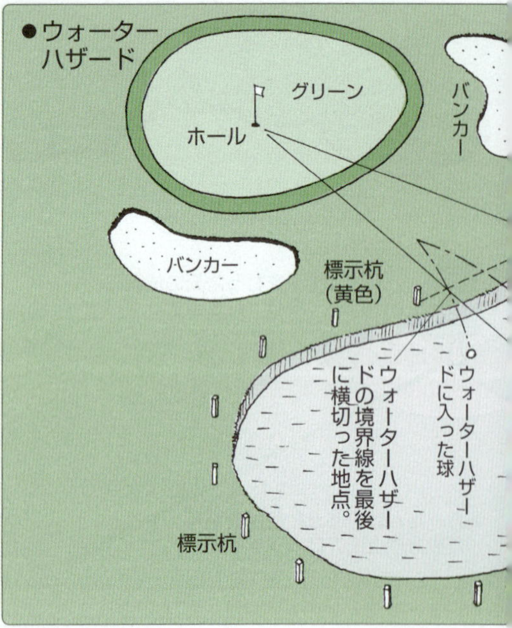

# トラブルでの処置のしかた

● ウォーターハザード

グリーン
ホール
バンカー
バンカー
標示杭（黄色）
ウォーターハザードに入った球
ウォーターハザードの境界線を最後に横切った地点。
標示杭

## ウォーターハザードでの処置

　ウォーターハザードとは海や湖、池、川、排水溝、水路などをいい、黄色の杭や黄色の線で境界が示されています。黄色の杭や線はハザード内にあり、その境界線は垂直に上下にも延長されます。したがって、ウォーターハザードの上まで伸びた枝の上に乗っている球は、ウォーターハザードの球になります。

　ウォーターハザード内の球をそのまま打つことができますが（ヘッドをソールできない）、それが無理なときは次の2つのうちから選びます。

― これだけは覚えておこう ―

標示杭

ウォーターハザードに入った球

ウォーターハザード

ウォーターハザード標示杭（黄色）

ウォーターハザードの境界線を最後に横切った地点。

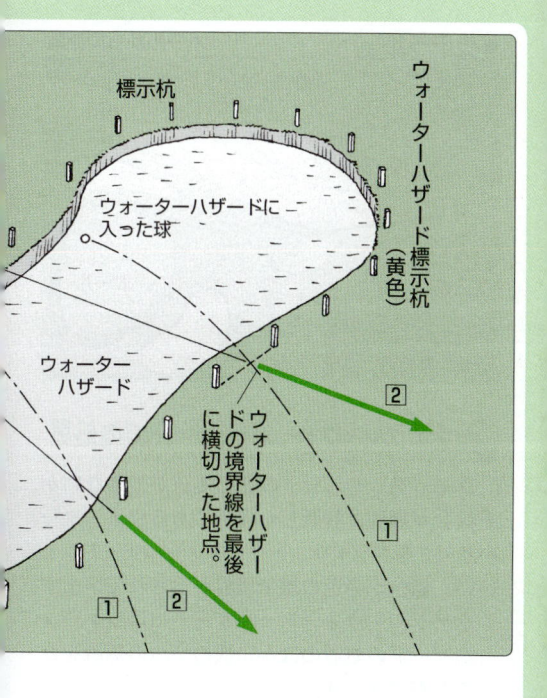

1

2

1

2

1 1罰打を付加して、その球を打った前位置にできるだけ近い地点にドロップする。その位置がティーインググラウンドならティーアップできる。グリーン上ならプレースする。

2 1罰打付加して、球がウォーターハザードの境界線を最後に横切った地点とホールを結んだ線上で、そのウォーターハザードの後方（距離に制限はない）にドロップする。

1、2ともに球は元の球でも別の球でもよい。なお、拾い上げた球はふくことができる。

# トラブルでの処置のしかた

●ラテラル・ウォーターハザード

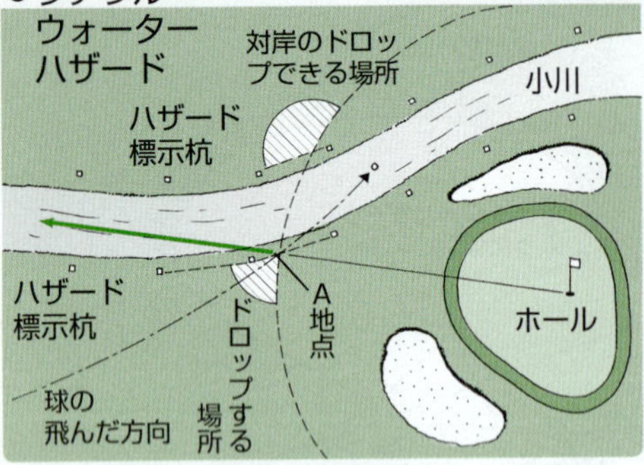

図中ラベル: ホールから同距離／対岸のドロップできる場所／小川／ハザード標示杭／ハザード標示杭／A地点／ドロップする場所／ホール／球の飛んだ方向

## 🏐 ラテラル・ウォーターハザードでの処置

　ウォーターハザードの②の処置ができないか、委員会が無理と判断した場所にあるウォーターハザードを「ラテラル・ウォーターハザード」といい、赤杭か赤色の線で境界が示されています。

　ラテラル・ウォーターハザードではウォーターハザードの処置のほかに次の2つの処置をとることができます。

1 1罰打を付加して、球がラテラル・ウォーターハザードの境界線を最後に横切った地点（A地点）から、ホールに近づかない2クラブレングス以内で、そのハザード外にドロップできる。

2 1罰打を付加して、ホールからA地点と同じ距離にある対岸の境界線の地点からホールに近づかない2クラブレングス以内で、そのハザード外にドロップできる。

　1、2ともに、元の球でも別の球でもよい（拾い上げた球はふくことができる）。

— これだけは覚えておこう —

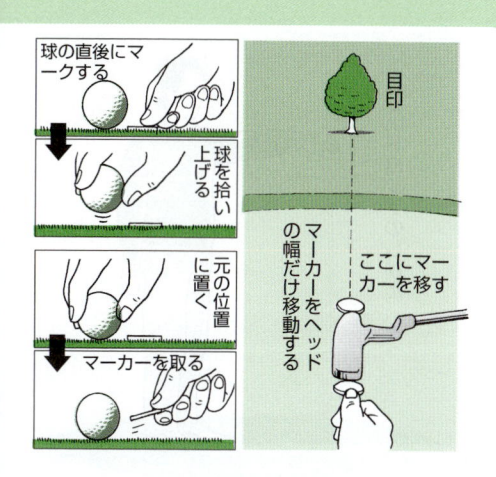

球の直後にマークする

球を拾い上げる

元の位置に置く

マーカーを取る

目印

マーカーをヘッドの幅だけ移動する

ここにマーカーを移す

## 🏌 球の拾い上げとリプレース

　リプレースを要する規則に基づいて拾い上げる球は、前もってその球の位置をマークしなければなりません。拾い上げる球の位置は、ボールマーカーで球の直後にマークすることを勧めます。球をリプレースするときは元の位置に球を置いてから、ボールマーカーを取り除きます。

　グリーン上でマークしたとき、同伴競技者のパットの線上になることがあります。こんなときには①マーカーを移動する方向に樹木などの目印を見つけ、②マーカーとその目印を結ぶ線上にマーカーと接してパターヘッドを合わせ、③マーカーを取り、パターヘッドの逆側にマーカーを移します。

　球をリプレースするときには同じ方法でマーカーを元の位置に戻してから行います。

# トラブルでの処置のしかた

正しいドロップのしかた

## ドロップのしかた

球の「ドロップ」はプレーヤー自身が行います。
ドロップは、①球を持って直立し、②腕を肩の高さに上げてまっすぐ前か横に伸ばして、③球を落として行います。

## 再ドロップするとき

ドロップした球が次のような場合、再ドロップしなければなりません（無罰）。

1. ドロップした球が地面に落ちる前か後で、プレーヤー自身や自分のキャディー、その携帯品に触れたとき。
2. ドロップするとき、規則によって求められたコース上の箇所に直接落ちなかったとき。
3. ハザード内に転がり込んで止まったとき。
4. ハザード内から転がり出て、球がハザードの

― これだけは覚えておこう ―

外側に止まったとき。
5 グリーン上に転がり込んで止まったとき。
6 OB区域に転がり出てしまったとき。
7 ドロップした球が最初の落下箇所より2クラブレングス以上転がって止まったとき。
8 「動かせない障害物」や「異常なグラウンド状態」、「目的外のグリーン」、「ローカルルール」により救済を受けた、その状態の障害のある場所に転がり戻って止まったとき。また、「地面にくい込んだ球」からの救済でドロップした球が、そのピッチマークの中に転がり戻って止まったとき。
9 次の地点よりホールに近づいてとまったとき。
　イ）規則により許されている場合を除いて、元の位置かその推定位置[規則20-2b・参照]。
　ロ）救済のニヤレストポイントや、最大限の救済を受けられる最も近い箇所 [規則24-2　25-1　25-3・参照]。
　ハ）初めの球がウォーターハザード（ラテラル・ウォーターハザード）の限界を最後に横切った地点[規則26-1・参照]。

なお、1 2 の場合にはドロップのやり直しになるのでドロップの回数にはカウントされません。3 ～ 9 の中のどれかの場所に転がったときは再ドロップし、再ドロップした球がまた 3 ～ 9 の中のいずれかの場所に転がったときは、再ドロップした際に球がコース上に最初に落ちた箇所にできるだけ近い所に、その球をプレースしなければなりません。

## コースが独自に決める規則

　ローカルルールは「ゼネラルルール（ゴルフ規則）でカバーしきれない異常なコース状態などに対処するため、競技委員会が定める」ことができるルールです。ゼネラルルールによって科せられた罰（ペナルティ）をローカルルールで免除するなど、ゴルフ規則を無視することはできません。

### ●フェアウェイ6インチ（約15㎝）プレース

ホール

6インチか1クラブレングスの半円
この半円内に球をプレースする

### 🏌 無罰で球をプレースできる

　悪天候が続きフェアウェイがひどい状態になっているときには、コース保護の目的から、フェアウェイにある球にマークして（しないと1罰打）無罰で拾い上げることができます。拾い上げた後、球の元の位置から6インチか1クラブレングス以内でホールに近づかず、グリーンでもハザードでもない場所にプレースします。

— ローカルルール —

● 指定のドロップ区域

深いラフ
ウォーターハザード（池）
指定のドロップ区域

## 指定ドロップ区域を設ける

修理地やハザード、障害物などでルールにしたがった処理ができないような場所では、「指定ドロップ区域」といって特別にドロップすることを許す区域を、設定することができます。

## 地面にくい込んでいる球

地面にくい込んだ場合に救済の対象となる所は、「スルーザグリーンの芝を短く刈ってある区域（フェアウェイなど）」だけですが、ローカルルールでスルーザグリーンのどこでも救済を認めることができます。

# コースが独自に決める規則
— ローカルルール —

■ローカルルールの中には、規則では許されていなくても、コースによって危険防止やスムーズなプレー進行のために特別に制定されているものもあります。以下は代表的な例。

## 1ペナ杭

河川敷などでよく見かけるもので、隣のホールとの境目や崖とラフとの間などに1ペナ杭を設置し、その外側に出た球はたとえコース内に止まっていてもプレーをしているホールに戻してプレーすることを許すローカルルール（1罰打）。

## プレーイング4

OBとなっている谷越えなどのホールで、プレーの遅延を防ぐため、ティーショットの球が谷に落ちてOBになった場合に、ティーショットを打ち直さずに谷の前方の特設ティーから第4打めとして球を打つことができるルールです。

# コースの場所別・ルール

# ティーインググラウンド

## SITUATION 1
## 同伴競技者にハザードなどの場所を聞いた

初めてのコースなので、打つ前にバンカーや池、OBのある場所を同伴競技者に聞いた。

> バンカーはあそこだ!!

## 0罰打　そのままプレーを続ける

ハザードやOB、グリーン上の旗竿の位置などはルール上「周知の事実」とされている。したがって、これらをだれに聞いても教えても「アドバイス」にはならない。

定義3　規則8-1・参照

# ティーインググラウンド

**SITUATION 2**

## ティーインググラウンドの近くでパットの練習をした

ティーインググラウンドの周りで、パットの練習をした。

## 0罰打 そのままプレーを続ける

ティーインググラウンド上やその近くでのパッティングやチッピングの練習はしてもよい。ただし、そのために不当にプレーを遅らせると2罰打になる。なお、ローカルルールでこの練習を禁じている場合があるが、競技委員会にこの練習を禁止する権限はない。

規則6-7　7-1b　7-2・参照

# ティーインググラウンド

## SITUATION 3

## ティーアップした球の後ろの芝を踏んだ

ティーアップしたら、球の後ろが盛り上がっていたので気になり、スパイクで踏んで直してからティーショットした。

### 0罰打 そのままプレーを続ける

ティーインググラウンド上では、地面が盛り上がっていたり芝がそこだけ長く伸びていたりするなどの、地面の不整な所を直すことができる。

規則13-2・参照

# ティーインググラウンド

**SITUATION 4**

## アドレス後にティーから球が落ちた

ティーアップしてアドレスしようと、クラブヘッドを球に近づけたら、ティーから球が落ちてしまった。

「あれ!!」
「落ちちゃった!!」

## 0罰打 再ティーアップしてプレーを続ける

球を打つ意思がないのでストロークではない。球はインプレーになっていないので、罰なしにもう一度ティーアップすることができる。

定義7 54 規則11-3・参照

# ティーインググラウンド

## SITUATION 5
## スタンスがティー区域外に出ていた

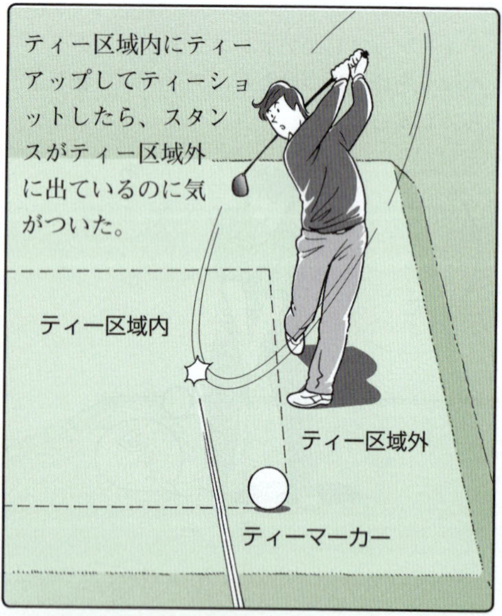

ティー区域内にティーアップしてティーショットしたら、スタンスがティー区域外に出ているのに気がついた。

- ティー区域内
- ティー区域外
- ティーマーカー

### 0罰打 そのままプレーを続ける

球がティーインググラウンドの区域内にあればよく、罰はない。ティー区域外に立って、ティー区域内にティーアップした球を打つことはできる。なお、ティーインググラウンドの範囲は、ティーマーカーの先端から2クラブレングス。22〜23ページ参照。

規則11-1・参照

# ティーインググラウンド

## SITUATION 6
## 球がティーマーカーの後ろに止まった

ティーショットをチョロしたら、球がティーマーカーの後ろに止まってしまい打てない。

あれ!?

## 0罰打 ティーマーカーを動かしそのまま第2打を打つ

最初のストロークが終わった後のティーマーカーは、動かせる障害物になる。したがって罰なしにティーマーカーを抜いて（後で元へ戻す）、次打を打つことができる。

規則11-2　24-1・参照

# ティーインググラウンド

## SITUATION 7

## バッグをのぞき何番を使ったかを見た

パー3のホールで何番で打てばよいか決めかねていたので、オナーがクラブを取り出した後でバッグをのぞき、何番を使用したかを確かめた。

## 0罰打 そのままプレーを続ける

見て得た情報はアドバイスにはならないので、罰はない。かりに、バッグにタオルなどがかけてあったのを取り除いて見たときには違反になる（2罰打）。

規則8－1・参照

## ティーインググラウンド

### SITUATION 8
## 打順を間違えて先に打った

遅れ気味だったので、慌てて打順を間違え、3番めなのに2番めの同伴競技者より先に打ってしまった。

> オレの番だよ!!

### 0罰打 そのままプレーを続ける

打順を間違えても罰はなく、そのままプレーを続ける。もし、打ち直してしまうと、初めの球は紛失球になり、打ち直した球がストロークと距離の罰のもとにインプレーの球となって、第3打めになってしまう。

規則10−2c・参照

# ティーインググラウンド

## SITUATION 9
### グリップにタオルを巻いて打った

グリップを持ったら雨に濡れて滑るので、うす手のタオルを巻いてティーショットした。

## 0罰打 そのままプレーを続ける

手袋をしたり、グリップに松脂や滑り止めをつけたり、ハンカチやタオルを巻いたりしても罰はつかない。

規則14－3c・参照

# ティーインググラウンド

## SITUATION 10
## レディース・ティーから打った

ティーショットを間違えてすぐ前にあるレディース・ティー区域にティーアップして打ってしまった。

### 2罰打 ティー区域内に再ティーアップして打ち直す

間違ったティーインググラウンドからプレーした場合は、本来打つべきティーインググラウンドの外からのプレーとなるので、2罰打を付加して正しいティー区域内から打ち直さなくてはならない。ティー区域外からの打数は数えないため、打ち直しは3打めとなる。打ち直しをしないまま次のホールのティーショットを打ったり、最終ホールのグリーンを離れたときには、競技失格になる。

規則11-4b 11-5・参照

# ティーインググラウンド

## SITUATION 11
### じゃまになる小枝を折った

ティーショットでテークバックしたら、クラブヘッドに小枝が当たるので、じゃまな小枝を折ってから球を打った。

ボキッ

## 2罰打 そのままプレーを続ける

ティーインググラウンド上では地面の不整の場所を直しても構わないが、スイングの区域を改善（小枝を折るなど）することは認められていない。なお、小枝を折ってからティーアップの位置を変えても罰は同じ。

規則13-2・参照

## ティーインググラウンド

**SITUATION 12**
# 打球がOBや紛失の可能性のあるガケ下に飛んだ

右側にOBのあるホールで、ティーショットを打ったら、OBの方向へ飛んでしまった。OBの可能性もあるし、林の中で球が見つからない可能性もありそうだ。

「あれ!?」
「OBかな?」

## 0/1 罰打 ティーアップして暫定球を打つ

OBか紛失の恐れのあるときは、同伴競技者に必ず「暫定球」を打つことを告げ、球を捜しにいく前に打っておく。初めの球がインバウンズにあれば暫定球を放棄し、初めの球でプレーを続ける。この場合罰はない。初めの球がOBなら、暫定球がストロークと距離の罰のもとにインプレーの球（次打は4打め）になる。

規則27-1　27-2a　27-2b　27-2c・参照

# ティーインググラウンド

## SITUATION 13

## 同伴競技者に告げずに「暫定球」を打った

いきなりOBの恐れがある方に打ってしまい、カッとして「暫定球」を同伴競技者に告げずに、もう1個球を打ってしまった。

### 1罰打 そのままプレーを続ける

「暫定球」を同伴競技者やマーカーに告げずに打ってしまうと、その球がインプレーの球になり、初めの球は紛失球になる。3打をプレーしたことになる。

規則27-1　27-2a・参照

## ティーインググラウンド

**SITUATION 14**

# 同伴競技者に何番で打ったかを聞いた

打ち上げのパー3のホールで何番で打ってよいか分からなかったので、ティーショットを終えた同伴競技者に何番を使ったのかを聞いた。

> 何番で打ったの？

## 2罰打 そのままプレーを続ける

使用クラブを聞いたり教えたりすることはアドバイスになり、2罰打がつく。つまり、聞いた方も教えた方もともに2罰打。アドバイスを求められるのはパートナーかそのキャディー、あるいは自分（共用）のキャディーだけ。

定義3　規則8-1・参照

## ティーインググラウンド

### SITUATION 15
# 間違って同伴競技者のクラブで打った

遅れていたので、慌てて同伴競技者のバッグからクラブを抜き取り、そのクラブでティーショットをしてしまった。

> それオレのクラブだよ!!

## 2罰打 そのままプレーを続ける

プレーヤーが使えるクラブはプレーヤー自身が選んだ14本以内のものに限られる。そのため、間違って同伴競技者のクラブを使うと2罰打になる。さらにプレーヤーは同伴競技者のクラブの不使用宣言をしなくてはならない。宣言をしないと競技失格になる。

規則4-4a　4-4c・参照

# ティーインググラウンド

**SITUATION 16**

## ティーから落ちた球を再ティーアップした

パー5のホールのティーショットで力が入り過ぎ空振りしたら、ティーから球が落ちたので、もう一度ティーアップして打った。

「あっしまった!!」

## 1罰打 そのままプレーを続ける

空振りもストロークなので、その瞬間にインプレーの球になる。インプレーの球を拾い上げて再ティーアップしてプレーした場合、ストロークと距離の罰（空振りと球を拾い上げることによって生じる距離損を合わせた罰）が、規則18-2a（プレーヤーが球を動かした罰）に優先して適用され、その球が第3打めとしてインプレーの球になる。

規則18-2a・参照

# ティーインググラウンド

## SITUATION 17

## 空振りしたが球はティーから落ちなかった

> ティーショットでたまたま空振りをしてしまったが、球はティーに乗ったまま落ちなかった。そこでそのままティーショットをした。

あれっ!?

空振りした!!

### 0罰打 そのままプレーを続ける

空振り後のインプレーの球を動かしたり、拾い上げたりしていないので、罰はないが、空振りも1打なので、次のショットが第2打になる。

定義54・参照

# ティーインググラウンド

## SITUATION 18
## 方向確認のクラブを取り除いてから打った

打っていく方向を確認するために、ティーアップした球の前にクラブを置きスタンスをとってから、クラブを取り除きティーショットをした。

←打つとき取り除いた

## 0罰打 そのままプレーを続ける

プレーの線に目印を置いてスタンスをとっても、球を打つ前にそれを取り除けば、罰はない。取り除かないでそのまま球を打つと、2罰打になる。

規則8−2a・参照

## ティーインググラウンド

### SITUATION 19

# スタート前にクラブに鉛を貼った

ドライバーのヘッドを利かせるため、朝のスターティングホールでスタート前にドライバーのヘッドに鉛を貼った。

鉛を貼る

## 0罰打 そのままプレーを続ける

正規のラウンドの始まるスタート前なら、鉛を貼っても問題ない。しかし、スターティングホールの第1打が終わった後で、鉛を貼ったり、剥がしたりすると競技失格になる（105ページも参照）。

規則4-2a・参照

## ティーインググラウンド

### SITUATION 20
# ティー区域外から打って OBになった

あまり荒れていないライのよいティーインググラウンド上にティーアップして打ったら、スライスして右のOBの中へ飛び込んでしまったが、ティーの跡を見るとティーインググラウンド区域外だった。

「あっOBだ!!」

ティー区域内

## 2罰打 正しい区域から打ち直す

改めて正規のティーインググラウンド区域内から打ち直す。打数やOBの罰は数えず、ティー区域外から打ったことの2罰打を加え、第3打めとしてティーアップして打ち直す。

規則11-4b・参照

# ティーインググラウンド

## SITUATION 21
## 打てないのでアンプレヤブルにしたい

ティーショットが左の深いラフに飛んでいき、OBではないのだが、とても打てる場所ではなく球を捜すのも大変なので、アンプレヤブルにしたい。

### 1罰打 ティーアップして打ち直す

前位置からの打ち直しのときのみ、球の所在を明らかにしなくてもアンプレヤブルにすることができる。球の位置を確認しなくても、打ち直しの位置が決められるため、次のショットは第3打めになる。球はティー区域内のどこにティーアップしてもよい。

規則28 20-5・参照

## ティーインググラウンド

### SITUATION 22
# 池に入ったものとしてドロップして打った

フェアウェイが右傾斜してラフが続き、その先に池があり、ティーショットがその方向へ飛んだ。その周辺を捜したが見つからなかったので、球が池に入ったものとしてドロップして打った。

**3罰打　元の位置に戻り打ち直す　または競技失格**

球が池に入ったことが確認できない限り、紛失球（1罰打）になる。元の場所に戻らずにドロップして打ったのだから誤所からのプレーの重大な違反になるので、2罰打付加して訂正処置を行わないと競技失格になる。

規則27-1　20-5　20-7c・参照

# ティーインググラウンド

## SITUATION 23

## クラブを15本以上入れたままスタートした

2番ホールのティーショットをしてから、バッグにクラブを戻しにいって中を見たら、なんとクラブが15本も入っていた。

あっ 15本ある!?

### 4罰打 不使用宣言をしてプレーを続ける

使用できるクラブは14本までで、15本以上携帯すると違反になる。違反した1ホールにつき2罰打になるが、1ラウンド中最高4罰打まで。クラブの超過に気づいたら、すぐに使用しないクラブを決めて不使用宣言をしなければ、競技失格になる。

規則4-4a 4-4c・参照

## ティーインググラウンド

### SITUATION 24
# ティーマーカーの位置を変えた

ティーインググラウンドに上がったら、どうもティーマーカーの向きがおかしいので、ティーマーカーを引き抜き、他の位置へ置き変えた。

## 競技失格または2罰打

決められているティーマーカーの位置をみだりに変えると、規則33－7の規定（競技失格の罰；委員会の自由裁量権）により競技失格になる場合もある。ただし、その組の誰かがティーショットする前に、動かされたティーマーカーが元の位置に戻されたときには2罰打とする。

規則11－2　33－7・参照

## ティーインググラウンド

### SITUATION 25
# 途中で止めたスイングが球に当たった

球を打とうとしてスイングを開始したが、ダウンスイングで球に止まっている虫が気になり、途中で止めようとしたが、ヘッドが球に当たってしまった。

> あっ!?
> 当たっ
> ちゃった

## 1罰打 そのままプレーを続ける

意思を持ってスイングを止めようとした場合は、ストロークをしたことにならないと規定されている。しかし、球に当たって動かしてしまった場合は、たとえプレーヤーが「意思を持って止めようとした」と主張しても論拠不十分として退けるのが妥当と裁定されている。

規則18-2b 裁定集14／1.5・参照

## ティーインググラウンド

**SITUATION 26**

# スイングを途中で止めたら球の上を通り過ぎた

ダウンスイングの途中で、打つのをやめようとした。球に当たるのは避けることができたが、勢い余って球の上を通り過ぎてしまった。

> スイングを止められなかった！

## 0罰打 そのままプレーを続ける

クラブヘッドが球よりも前方に出てしまっているが、ダウンスイングを止める意思を持って、クラブの軌道を変えた結果と見なされる。そのため、まだインプレーの球にはなっていない。改めて1打目としてストロークすればいい。

定義54　裁定集14／1.5・参照

## ティーインググラウンド

### SITUATION 27
## OB後打ち直しで球がティーから落ちた

スタートホールでいきなりOBを打ち、「暫定球を打つ」と宣言して球をティーアップしてアドレスしたら、クラブヘッドが球に触れて落ちてしまった。

あれ!?落ちちゃった!!

### 0罰打　再ティーアップしてプレーを続ける

ティーインググラウンドでは球をストロークするまで、インプレーの球にはならない。再ティーアップして、プレーを続ける。

定義7　規則11-3・参照

## ティーインググラウンド

### SITUATION 28
# 球の手前の芝草を踏みならして打った

ティーショットをチョロしたら、ティーインググラウンド内の長くのびた芝草の前に球が止まってしまったので、その芝草を踏みならしてから2打めを打った。

グッ

## 0罰打 そのままプレーを続ける

球がティーインググラウンドの中にあれば、インプレーであっても地面の不整箇所は直すことができる。なお、ティーインググラウンドの範囲は、ティーマーカーの先端から2クラブレングス。22〜23ページ参照。

規則13-2・参照

# ティーインググラウンド

## SITUATION 29
### 5インチのティーに球を乗せて打った

高い球を打ち飛ばしたい一心で、長さが5インチあるティーペックを使ってティーアップし、球を打った。

## 競技失格

ティーアップするのに使えるティーの長さは4インチ（101.6ミリメートル）以下と決められている。それ以上長い不適合のティーを使うと競技失格となる。

付属規則Ⅳ　規則11-1・参照

## ティーインググラウンド

**SITUATION 30**

# ホールとホールの間で球を打った

ホールアウトしてから、次のティーインググラウンドに向かう途中で、手にしていた球を地面に落とし打った。

## 2罰打 次のホールのスコアに加算する

ホールとホールの間で練習ストロークをしてはならない。許されるのはプレーを終えたばかりのグリーンや次のティーインググラウンドでのパッティングやチッピングの練習だけ（59ページ参照）。違反は2罰打となる。

規則7-2・参照

# ティーインググラウンド

## SITUATION 31

### アドレスし直したら球がティーから落ちた

ティーショットを空振りしたが、球はティーから落ちなかった。そこでアドレスをし直したら、球がティーから落ちてしまった。

## 1罰打 リプレースしてプレーを続ける

空振りはストロークなので、その時点で球はインプレーになる。その球を落としたのだから、アドレス後にインプレーの球を動かしたことになり、1罰打となる。球はティーの上にリプレースする。

規則18−2b・参照

スルーザグリーン

SITUATION **32**

## フェアウェイに落ちている松ぼっくりを打った

フェアウェイを歩いていたら松ぼっくりがたくさん落ちていたので、持っていたクラブで1～2回松ぼっくりを打った。

**0罰打　そのままプレーを続ける**

松ぼっくりを打っても罰にはならない。ただし、プラスチック製の球や毛糸玉などを打った場合は違反になる。

規則7-2・参照

## スルーザグリーン

### SITUATION 33
# 何ヤードを示す距離標示杭かを聞いた

グリーンの中央までの残りの距離を示している杭（樹木）がほんとうに150ヤードあるのかどうかを同伴競技者に聞いた。

*ほんとうに150ヤードある〜？*

## 0罰打 そのままプレーを続ける

定置物（決まったところにあるもの）である杭や樹木、スプリンクラーヘッド、バンカーなどからグリーンまでの距離や、定置物から定置物までの距離などは「周知の情報」とされ、アドバイスにはならない。また、自分の球（定置物ではない）からグリーンまでの残りの距離を聞くこともアドバイスとならない。

定義3　規則8−1・参照

## スルーザグリーン

### SITUATION 34
# 池を越すために何ヤード必要なのかを聞いた

グリーン手前にある池を越えるには、何ヤード必要なのかを同伴競技者に聞いた。

> 何ヤード必要かな？

### 2罰打 そのままプレーを続ける

池を越すのに必要な距離を聞いた場合は、プレーのアドバイスとなり2罰打となる。左ページのように、距離や周知の情報のみならアドバイスにはならないが、そこにプレーの判断が加わる助言をすることは違反となる。

定義3　規則8−1・参照

# スルーザグリーン

## SITUATION 35
## アドレスしたら球が揺らいだ

フェアウェイで打つ方向を見定めてから、球にアドレスしたら、ヘッドが球に触れて揺らいだ。

## 0罰打 そのままプレーを続ける

「球が止まっている位置から他の位置に移動して止まったとき」、球は動いたことになる。したがって、アドレスでヘッドが球に触れ揺らいだが、元の位置に戻って止まったのであれば、罰はない。

定義35　規則18-2・参照

## スルーザグリーン

**SITUATION 36**

# 同時に打った2つの球が当たった

フェアウェイの左右に分かれたプレーヤーがほぼ同じ距離だったので、同時に球を打ってしまい、グリーンの手前で2つの球が当たってしまった。

## 0罰打 球の止まった所からプレーを続ける

2つの球とも止まった場所から、あるがままの状態でプレーを続ける。かりに片方の球がOBになれば、その球のプレーヤーはOBの処置をとらなければならない。

規則19-5b・参照

## スルーザグリーン

### SITUATION 37

# 修理地内で自分の球を動かした

枯れ草を積んだ修理地に球が飛び込んだので、枯れ草を分けながら球を捜していたら誤って自分の球を動かしてしまった。

## 0罰打 リプレースかドロップしてプレーを続ける

修理地内で自分の球を捜しているとき誤って動かしても、罰はない。修理地の救済（修理地外のスルーザグリーンにドロップ）も受けられるが、そのまま打つのであれば、球のあった位置に戻して置き（リプレース）、プレーを続ける。

規則12-1　18-2a・参照

# スルーザグリーン

## SITUATION 38
## ドロップ範囲の外の茂みを折った

修理地からの救済を受ける際に、ドロップした球が転がっていきそうな場所の茂みに入ると厄介だと思って木の枝を折っておいた。

> 邪魔になりそうな枝は折っとこう・・

## 2罰打 そのままプレーを続ける

修理地からの救済でドロップする際には、落ちたところから球が転がってもそれが2クラブレングス以内なら、再ドロップせずにそのままプレーすることになる。そのためその範囲のライをあらかじめ改善しておくことは違反となる。

規則1-2 13-2・参照

## スルーザグリーン

### SITUATION 39
# 打った球が同伴競技者に当たった

前方の左側のラフを歩いている同伴競技者に、まさか引っかけまいと思って打った球が運悪く1バウンドして当たってしまった。

**0罰打 球の止まった所からプレーを続ける**

同伴競技者は局外者であり、局外者に当たって球の方向が変えられた場合(ラブオブザグリーン)は、球の止まった位置から、罰なしであるがままにプレーを続ける。

定義48 規則19-1 19-4・参照

## スルーザグリーン

### SITUATION 40
# 小枝を取り除いたら球が動いた

小枝はルースインペディメントなので、球の後ろにある小枝を取り除いたら、球が動いてしまった。

**1罰打　リプレースしてプレーを続ける**

球の動いた原因がルースインペディメントを取り除いたことにある場合は1打の罰を加え、リプレースしてプレーを続ける。

規則18-2a・参照

## スルーザグリーン

### SITUATION 41

# 球が同伴競技者の球に当たった

フェアウェイで打った球が、偶然にも同伴競技者の止まっている球に当たってしまった。

## 0罰打 球の止まった所からプレーを続ける

両者に罰はなく、当てた球は止まった位置からプレーを続ける。当てられた球は元の位置に球を置く(リプレース)か、元の位置が分からないときは、球があったと思われる地点にドロップして、プレーを続ける。

規則18-5　19-5a　20-3c・参照

## スルーザグリーン

**SITUATION 42**
# 支柱の内側に球が止まり打てない

ナイスショットした球が、フェアウェイの中央にある樹木の支柱の内側に止まり、スイングするのに支柱がじゃまになる。

「これじゃ打てないよ!!」

## 0罰打 ドロップしてプレーを続ける

支柱は動かせない障害物なので、無罰で救済が受けられる。①まず救済のニヤレストポイントを決め、②その地点から1クラブレングス以内にドロップして、プレーを続ける(40〜41ページ)。ただし、ローカルルールにより、その樹木の支柱が動かせない障害物から除外されていることもあるので注意する。

定義38 規則24－2b・参照

## スルーザグリーン

### SITUATION 43
## 球が舗装道路の上に止まった

球がスライスして、右のラフの中にある舗装された道路の上に止まってしまった。

> あっ道路の上にある!?

### 0罰打 ドロップしてプレーを続ける

舗装された道路やカート道路も動かせない障害物。ルールにしたがい救済が受けられる（40〜41ページ）。ただし、ローカルルールにより、その道路が動かせない障害物から除外されていることもあるので注意する。

定義38　規則24-2b・参照

スルーザグリーン

## SITUATION 44
## 球がOB手前の金網に接して止まった

球がOBの白杭に沿って、コース側に張ってあるOB止めの金網（OBの境界線ではない）に、接して止まってしまった。

「動かしていいのかな？」

OB杭

## 0罰打 ドロップしてプレーを続ける

コース側にある金網は動かせない障害物になる。ルールにしたがい支柱やカート道路と同じ方法（40ページ）で、救済を受けられる。ただし、金網がOBの境界線になっていたり、OB杭の外側に設置してあるときは、救済が受けられない。なお、OB杭のコース側にOB止めの金網を設置することは好ましいことではない。

規則24-2b・参照

## スルーザグリーン

### SITUATION 45
# 球の横を踏んだら
# 水が滲み出てきた

フェアウェイに止まった球の横をスパイクで踏んだら、水が滲み出て水たまりのようになったので、カジュアルウォーターの処置をとり、水たまりにならない位置にドロップした。

> あれ!?
> 水が出てきた!!

滲み出た水

## 1/2罰打 リプレースしたら1罰打、そのままプレーしたら2罰打

カジュアルウォーターは、球にアドレスする際のスタンスの位置が水たまりになること。球の周りを踏んで水たまりができたとしても、スタンス位置に水たまりができないのであれば、そのままプレーする。救済を受けられないのに、球を拾い上げて誤所からのプレーをしたので2罰打となる。

定義12　規則18-2　規則25-1a　25-1b・参照

スルーザグリーン

## SITUATION 46
# 足で強く踏んでアドレスしたら水が滲み出てきた

雨上がりで、水分を多く含んだフェアウェイに止まった球に強く踏んでアドレスしたところ、水が滲み出てきた。カジュアルウォーターの救済処置としてドロップした。

ジワッ‥

## 1/2罰打 リプレースしたら1罰打、そのままプレーしたら2罰打

カジュアルウォーターは、正常なスタンスをとった時にできる水たまり。水が滲み出てきた程度では認められない。そのため、ドロップした球をプレーすると誤所からのプレーとなる。仮に、片足に体重をかけて強く踏みしめたときにカジュアルウォーターになるとしても、それは正常なスタンスではないため、認められない。

定義12　規則18-2　裁定集25/4・参照

## スルーザグリーン

### SITUATION 47

# 球が泥だらけで見分けがつかない

フェアウェイのぬかっている場所に落ちて跳ねた球が、泥まみれになっていて、自分の球かどうか識別できない。

> この球ボクのかなぁ〜!?

## 0罰打 リプレースしてプレーを続ける

同伴競技者に立ち会う機会を与え、マークして球を拾い上げて確かめる。それでも識別できないときは確認できる範囲で球をふくことができる。識別できたらリプレースし、プレーを続ける。マークしなかったり、無断で球を拾い上げたり、必要以上に球をふくのは、1罰打になる。

規則12-2　21b・参照

## スルーザグリーン

SITUATION **48**

## ヘッドに貼ってあった鉛が取れていた

球を打ってから、何気なくクラブヘッドを見たら、スタート前に貼ってあった鉛が跡形もなく消えていた。

「あれ鉛がない!!」

### **0罰打** そのままプレーを続ける

偶然クラブヘッドから鉛が剥がれていたのだから、罰はない。また、剥がれた鉛を元の位置に貼り直しても違反にはならない。ただし、貼ってあった鉛を故意に剥がしたり、貼ってなかった鉛を貼って、クラブの性能を変更したりすると、競技失格になる。

規則4−2・参照

スルーザグリーン

SITUATION 49

## フェアウェイの球を
## カラスが持っていった

フェアウェイに止まった球を、なんとカラスがくわえて持っていってしまった。こんなこともあるのかとあぜんとした。

### 0罰打 球のあったと思われる地点にドロップする

カラスは局外者だから、プレースする箇所がわからないときは球のあったと思われる地点にドロップする。止まっていた箇所が明確に分かっていた場合は、球のあった地点にプレースして、プレーを続ける。

規則18-1　20-3c・参照

スルーザグリーン

SITUATION 50

# 岩に当たり変形した球を取り替えたい

球を打ったら左の山肌に出ている岩の尖ったところに当たり、フェアウェイに跳ね返ってきた。球を見ると大きく亀裂が入っていたので、取り替えてプレーしたい。

変形した球

## 0罰打 球のあった位置に別の球をプレース

球が切れたり、変形して明らかにプレーに適さなくなった場合は、無罰で取り替えることができるが、マーカーか同伴競技者の承認を受けなければならない。球を拾い上げるときにはマークをし、同じ位置にプレースして、プレーを続ける。カート道でこすれた程度の傷では、取り替えは認められない。

規則5－3・参照

## スルーザグリーン

### SITUATION 51
# 紛失した球がホールインしていた

第2打を打ってグリーンに上がってみたら、球がいくら捜しても見当たらない。しかたがないので、元の位置に戻り別の球を打ってから、もう一度グリーンに上がりホールの中をのぞくと、初めの球が入っていた。

あっあった!!

## 0罰打 初めの球のホールインでプレーは終了

球がホールに入ったときにそのホールのプレーは終わり、初めの球のホールインが認められる。したがって、別の球を打ったことに対する罰はない。

定義27　規則1-1・参照

## スルーザグリーン

SITUATION 52

## ドロップしたら
## フェアウェイに止まった

カート道路上に止まった球を、ルールにしたがって救済のニヤレストポイントを決め、1クラブレングス以内にドロップしたら、球はフェアウェイに止まった。

フェアウェイ

ラフ

カート道路

### 0罰打 そのままプレーを続ける

カート道路は動かせない障害物なので、その救済が受けられる。まずルールにしたがって救済のニヤレストポイントを決める。その地点から1クラブレングス以内で、ホールに近づかない地点にドロップするが、処置（40ページ）が正確であれば、その位置がフェアウェイであっても、なんら差し支えない。

規則24-2b・参照

## スルーザグリーン

### SITUATION 53
# ラフに沈んだ球を草を分けて確認した

深いラフに飛んだ球がラフの中に沈んで止まり、自分の球かどうか分からないので、草を分けて球の確認をした。

## 0罰打 そのままプレーを続ける

球を確認するために必要な限度内で草に触れることはできる。ただし、草を押しつけたり、むしったりして「ライの改善」をすると、2罰打になる。

規則12-1・参照

## スルーザグリーン

SITUATION 54

# 球が排水溝の
# ふたの上に止まった

右のラフへ球を打ち込んだので、球を捜しにいったら、排水溝のふたの上に球が止まっていた。

> 動かしてもいいのかな〜!?

## 0罰打 ドロップしてプレーを続ける

排水溝のふたは動かせない障害物なので、ルールにしたがい無罰で救済が受けられる。まず救済のニヤレストポイントを決め、その地点から1クラブレングス以内にドロップしてプレーを続ける（他の動かせない障害物も同じ＝40ページ）。

規則24−2b・参照

## スルーザグリーン

### SITUATION 55
# 動物の土盛りがスタンスのじゃまになる

ラフに飛んだ球を見にいったら、穴掘り動物が掘り起こした土盛りの近くにあって、スタンスがその土盛りにかかってしまう。

スタンスのじゃまになる土盛り

## 0罰打 ドロップしてプレーを続ける

穴掘り動物の土盛りはコースの異常な状態なので、カジュアルウォーターや修理地と同じように、救済が受けられる（44ページ）。

規則25－1a　25－1b・参照

スルーザグリーン

## SITUATION 56
# 打ち直しに戻りかけたら球が見つかった

ラフに打ち込んだ球がいくら捜しても見つからないので、球の紛失を宣言して別の球を打ちに元の場所に戻りかけたら、キャディーが球を見つけてくれた。捜し始めてからまだ5分経過していなかった。

> 球あったわよ〜‼

## 0罰打 見つかった球でプレーを続ける

球を捜し始めてから5分以内であれば、見つかった球（正球）で、プレーを続ける。プレーヤーは宣言して自分の球を紛失球にすることはできない。

定義7　33・参照

## スルーザグリーン

### SITUATION 57
# 同伴競技者の球の方が近かったが先に打った

ティーショットして止まった球が、グリーンまで同伴競技者の球の方がすこし近かったが、先に第2打を打った。

## 0罰打 そのままプレーを続ける

第2打からは球がホールから遠い順に打つのが決まり（遠球先打）だが、順番を間違えても罰はない。2個の球がほぼ等距離にある場合は、コインをトスするか、じゃんけんで決めるのがよい。

規則10－2b・参照

スルーザグリーン

## SITUATION 58
# 2つの球が近接してじゃまになる

ティーショットを終えた2人の球が近接してフェアウェイで止まり、同伴競技者の球がじゃまになる。

## 0罰打 マークして拾い上げてから球を打つ

プレーするのにじゃまになる球は、スルーザグリーンかハザードかを問わず、必ずマークした上で拾い上げてもらうことができる。マークを怠ると1罰打になる。拾い上げた球はリプレースする。この場合、拾い上げた球はふくことができないので注意する。

規則20-1 22・参照

## スルーザグリーン

**SITUATION 59**

# 拾い上げたら同伴競技者の球だった

ラフに入った球を捜しにいったら、自分の球のほかにもう1個球があったので、紛失球と思い拾い上げたら、同伴競技者の球だった。

## 0罰打 リプレースしてプレーを続ける

同伴競技者に対して競技者は局外者なので、球を拾い上げても罰はなく、元の位置に同伴競技者の球を置いて（リプレース）、プレーを続ける。

定義14 41 規則18-4・参照

## スルーザグリーン

**SITUATION 60**

# 池の標示杭に球が接して打てない

池の方向に飛んだ球が、ウォーターハザードの標示杭のコース側に接して止まり、プレーのじゃまになる。

## 0罰打 そのままプレーを続ける

ウォーターハザードの標示杭は簡単に抜ければ動かせる障害物なので、抜いてもよい。その際に球が動いても無罰でリプレースできる。ただし、杭に接しているということはハザード内の球なので、クラブをハザード内の地面に付けないこと。杭が簡単に抜けない場合は、動かせない障害物だが、球がウォーターハザード内にあるので、動かせない障害物からの救済は受けられない。あるがままでプレー（無罰）するか、ウォーターハザードの処置（1罰打）をとる。

定義60　規則24-1　24-2　26-1・参照

## スルーザグリーン

SITUATION 61

# じゃまになる小枝を絡ませて打った

第1打が林の中に入ってしまい、球の所で素振りをしたら、小枝がじゃまになったので、他の枝に絡ませて球を打った。

## 2罰打 そのままプレーを続ける

小枝を折ったり、曲げたり、他の枝に絡ませたりすると、意図的にスイングの区域を改善したことになって、違反になる。例外として、スタンスをとるときに体に当たる小枝や若木を、結果的に押しやることになっても、違反にはならない。

規則13-2・参照

## スルーザグリーン

### SITUATION 62
## 支柱のある根に球が挟まれて打てない

球がフェアウェイの左側にある樹木の根の割れ目に入ってしまい打てない。しかし、その木には支柱（動かせない障害物）が立てられていた。

### 1罰打 アンプレヤブルの処置をとりプレーを続ける

動かせない障害物（支柱）以外のもの（木の根）による障害のために、ストロークを行うことが明らかに無理な場合には、救済を受けることはできない。アンプレヤブルの処置（1罰打）をとるか、あるがままの状態でプレーを続けるしかない。

規則24－2b 例外 28・参照

# スルーザグリーン

## SITUATION 63

## 球が木の枝に引っかかり確認できない

フェアウェイにある樹木の枝にティーショットした球が引っかかってしまい、自分の球かどうか確認できない。

### 1罰打 ティーインググラウンドに戻って打ち直す

枝に引っかかった球を5分以内に、自分のものかどうか確認できない場合は、紛失球になる。その球を打った元の位置（ティーインググラウンドならティーアップできる）に戻って打ち直す。

定義33　規則20-5　27-1・参照

## スルーザグリーン

### SITUATION 64
# 同伴競技者と自分の球が区別できない

フェアウェイに同伴競技者の球と自分の球が並んで止まっていたが、どちらの球も同じブランド、同じ番号なので、識別できない。

これじゃ〜分からないよ!?

## 1罰打 球を打った元の位置に戻り打ち直す

自分の球か同伴競技者の球か、5分以内に識別できない場合は、2つとも紛失球となる。2人ともその球を打った元の位置に戻って打ち直す（スルーザグリーンとバンカーはドロップ）。このようなことにならないよう、印をつけておくことをすすめる。

定義33 規則27－1・参照

## スルーザグリーン

### SITUATION 65
# 枝の上に止まった自分の球が打てない

ちょうど目の高さぐらいにある枝の股に球が乗ってしまい、自分の球と確認できたが、その球を打つことができない。

どうやって打つの!?

### 1罰打 アンプレヤブルの処置をとりプレーを続ける

打つことができないのだから、アンプレヤブルにするしかない(アンプレヤブルの処置の項を参照＝46ページ)。この場合、木の枝に止まっている球の真下に球があったと仮定して処置ができる。

規則28・参照

スルーザグリーン

# SITUATION 66
## 識別できない球をゆすって落とした

木の枝に止まっている球は見えるのだが、その球が自分のものかどうか識別できないので、木をゆすって球を落としたら、自分の球だった。

> 落としちゃえ!!

### 2罰打 ルールにしたがいドロップして打ち直す

インプレーの球を動かすと違反（1罰打）になり、球を元の位置に置くか（リプレース）、さらに1罰打追加してアンプレヤブルの処置をとることになるが、「自分の球だったら、アンプレヤブルにする」と宣言してから球を落とせば、アンプレヤブルの1罰打だけですむ。

規則18-2a 28・参照

## スルーザグリーン

### SITUATION 67

## 球がアドレス後に ディボット跡に落ちた

フェアウェイでディボット跡に落ちそうになっている球にアドレスしたら、球がディボット跡に落ちた。

> 球が落ちた!!

### 1罰打 リプレースしてプレーを続ける

アドレスしたことによって球が動いたのだから、1罰打付加し、球を元の位置に戻して置き（リプレース）、プレーを続ける。リプレースしないでそのまま球を打つと、2罰打となる。もしも球が動いたのがアドレスしたことによってではなく、突風の影響などであれば罰はなく、球はそれによって動いた場所からプレーする。

規則18-2b・参照

## スルーザグリーン

### SITUATION 68
## ラフでアドレスしたら球が沈んだ

深いラフの芝の上に止まった球にアドレスしたら、その場で球が下に動いて、芝の中に沈んだ。

沈んだ球

### 1罰打 リプレースしてプレーを続ける

球は前後左右ばかりではなく、上下にも動く。クラブを芝の上に置くなど、アドレスしたことで球が動いたのだから、1罰打付加しリプレースしてプレーを続ける。リプレースしても球が止まらない場合は、ホールに近づかず、ハザード外で、もっとも近い場所（この事例では芝に沈んだ場所になるかもしれない）にプレースする。

規則18－2b　20－3d・参照

## スルーザグリーン

### SITUATION 69
# 素振りしたら球が動いた

ショットの前に素振り（練習スイング）をしたら、クラブヘッドがわずかに球に触れ、球を動かしてしまった。

**1罰打　リプレースしてプレーを続ける**

止まっているインプレーの球を動かしたのだから、1罰打になり、球を元の位置に置いて（リプレース）、プレーを続ける。

規則18-2a・参照

スルーザグリーン

SITUATION 70
# 芝に浮いた球を2度打ちした

球が深いラフに浮いて止まっていた。やわらかく打ち出そうとしたら、2度打ちになってしまった。

## 1罰打 球の止まった所からプレーを続ける

1回のショットで2度以上クラブに当たったときを2度打ちという。そのストロークを1打と数え1罰打を加えて、合計2打となり、球の止まった所からプレーを続ける。バンカーショットでも見られることが多い。

規則14-4・参照

# スルーザグリーン

## SITUATION 71
## 同伴競技者の球を打ってしまった

ラフに入ったのが見えたので、球のそばへいって確かめもせずにアドレスして打ったら、その球が同伴競技者の球だった。

> この球きみのだよ!!

### 2罰打 改めて自分の球（正球）でプレーする

自分の球ではない球を打ったのだから誤球のプレーとなり、2罰打付加して改めて自分の球を打つ。誤球をプレーしたストロークは数えない。訂正せずに次のホールのティーショットを打った（最終ホールではグリーンを離れた）時点で競技失格になる。誤球された同伴競技者は罰なく、元の位置に球を置き（リプレース）、プレーを続ける。

規則15-3　18-4　20-3b　20-3c・参照

## スルーザグリーン

SITUATION 72

# 同伴競技者の球を打ちOBになった

フェアウェイからのショット（第2打め）がOBになってしまった。しかし、自分の球は打った球の少し先にあり、同伴競技者の球を間違えて打ってしまった。

## 2罰打 改めて自分の球（正球）でプレーする

誤球のプレーにつき罰打（2罰打）がつき、誤球を打ったストローク数は加えないので、OBの罰はつかない。改めて自分の球（正球）を第4打めとして打ち直し、プレーを続ける。

規則15-3・参照

## スルーザグリーン

### SITUATION 73
## 球の後ろの芝を踏みつけてから打った

フェアウェイに止まった球の後ろに、刈り残された長い芝があって打ちづらかったので、その芝を踏みつけてから球を打った。

この長い芝がじゃまだな〜

### 2罰打 そのままプレーを続ける

コースは「あるがままの状態でプレーする」のが大原則。球のライや意図するスイングの区域を改善したのだから、当然ペナルティがつく。球の後ろの芝をクラブヘッドなどで押さえつけても「ライの改善」になる。2罰打つけてプレーを続行する。

規則13-2・参照

## スルーザグリーン

### SITUATION 74
# 初球を放棄し暫定球でプレーを続けた

打った球が紛失球になりそうなので暫定球を打ってから初めの球を捜したが、木の根に止まって打てる状態ではなかったので、暫定球でプレーを続けた。

> こっちの球を打とう!!

## 2罰打 改めて正球をプレーする

初めの球が見つかった時点で暫定球を放棄しなければならないのに、暫定球を打ってしまったのだから、誤球のプレーになる。改めて初めの球(正球)をプレーしなければならない。誤りを訂正せずに次のホールでティーショットを打ってしまう(最終ホールではグリーンを離れる)と、競技失格になる。

規則15−3　27−2b　27−2c・参照

## スルーザグリーン

### SITUATION 75
# 誤球に気づきもう一度打ったがまた誤球だった

ラフに沈んだ球を打ち、フェアウェイに出たところまでいってみたら誤球だった。もう一度球を捜し、見つけた球を打ったが、また自分の球ではなかった。

> えっ！
> これも！
> 誤球!?

## 4罰打 改めて自分の球（正球）でプレーする

2012年の改訂によって、初めの誤球と2回目の誤球は関連を断たれた別々の行為とされた。そのためこのようなケースは、初めの誤球の2罰打と、2回目の誤球の2罰打が加算されることになっている。

規則15-3 裁定集15-3b／2・参照

スルーザグリーン

SITUATION **76**

## 芝を踏みならした場所にドロップした

動かせない障害物からの救済で、ドロップする場所の芝をあらかじめ踏みつけてならしてから、球をドロップした。

「ならしてからドロップしよう!!」

カート道路

### 2罰打 ドロップした球でプレーを続ける

ドロップする箇所をスパイクで踏んでならしたり、バラバラの土や砂を取り除いたりすると「ライの改善」になり、ペナルティがつく。2罰打付加し、ドロップした球でプレーを続ける。

規則13-2・参照

## スルーザグリーン

### SITUATION 77

## 球のある急斜面で足場を作り打った

ラフに打ち込んだ球が急斜面に止まっていたので、スタンスをとる足場をよくするため、スパイクで芝を何度も踏みつけてへこまし、アドレスして球を打った。

> 足場を作っちゃえ〜!!

トン
トン

### 2罰打 そのままプレーを続ける

スタンスする場所が不安定だからといって、スパイクで踏みならして平らにしたり、穴を掘ったり、石や空き缶などを持ってきて「スタンスの場所」を作ってはならない。

規則13−3・参照

スルーザグリーン

SITUATION **78**
# 暫定球を打ってから初球が見つかった

初めの球があると思われる地域を捜したが、どうしても見つからなかったので、それより飛んでいた暫定球を打ったら、さらにその前に初めの球があった。

あれ!?こんな所にあった!?

## 1罰打 そのままプレーを続ける

初めの球（初球）があると思われる場所、またはその場所よりもホールに近い地点から暫定球を打つとインプレーの球となり、初めの球は実際にあったところに関係なく、紛失球となる。

規則27－2b・参照

## スルーザグリーン

### SITUATION 79

# 共用カートに当たりフェアウェイに出た

ラフの中に止まっていた共用カートに球が当たり、フェアウェイに出てきて止まった。

## 1罰打 球の止まった所からプレーを続ける

共用カートではカートやそれに積んであるものはすべて球が関連したプレーヤーの携帯品とみなされる。それらによって球の方向が変えられたのだから、ペナルティ（1罰打）がつく。球の止まった所からプレーを続ける。

規則19-2・参照

## スルーザグリーン

SITUATION **80**

# 林の中で打った球が自分に当たった

球が林の中に入ったので、木と木の間からフェアウェイに出そうとして打ったら球が木に当たって跳ね返り、自分に当たってしまった。

### **1罰打** 球の止まった所からプレーを続ける

プレーヤーの打った球がプレーヤー自身や自分のキャディー、携帯品に当たって方向を変えられたり止められたりしたときは、ペナルティ（1罰打）がつき、球が止まった所からプレーを続ける。

規則19-2・参照

## スルーザグリーン

### SITUATION 81

# 初球が見当たらず2罰打でドロップした

林の奥に飛び込んだ球がいくら捜しても見つからない。やむをえず球のなくなったと思われる地点にドロップして、2罰打付加し球を打った。

「ないなぁ〜!?」

「ドロップして打とう!!」

## 3罰打 球を打った元の位置に戻り打ち直す

5分間球を捜しても見つからないときは紛失球（1罰打）になり、元の位置に戻って打ち直さなければならない。この場合、元に戻らずに打ってしまったので、誤所からのプレーの重大な違反となり、さらに2罰打付加して、正しい位置に戻って訂正プレーをしないと競技失格になる。

定義33　規則20−7　27−1・参照

スルーザグリーン

## SITUATION 82
## じゃまなOB杭を抜いて球を打った

OB方向に飛んだ球がOB杭（白杭）のインバウンズ側に止まっていた。セーフとほっとしたのもつかの間、今度は白杭がじゃまして打てない。白杭を抜いて球を打った。

OB杭

### 2罰打 球の止まった所からプレーを続ける

OB杭（白杭）は固定物なので、動かすことはできない。球を打つ前に抜いた白杭を元に戻してもその罰は消えない（2罰打）。球の止まった所からプレーを続ける。

規則13-2・参照

## スルーザグリーン

SITUATION **83**
# 球が自動車に当たりOBになった

打った球がコース内を走る自動車に当たって跳ね返り、運悪くOB区域に入ってしまった。

**1罰打** **球を打った元の位置に戻り打ち直す**

局外者（自動車）によって、偶然に方向を変えられた球（ラブオブザグリーン）は、球の止まった所からプレーしなければならない。したがって球がOBになったら、OBの処置をとることになる。

規則19-1　27-1・参照

スルーザグリーン

SITUATION 84

## ラフで捜索中に
## 自分の球を蹴った

球が深いラフに入ったので、球を捜していたら、自分の球を誤って蹴ってしまった。

あっ!?

### 1罰打 リプレースしてプレーを続ける

止まっているインプレーの自分の球を、蹴飛ばしたり踏んだりして動かした場合は、当然罰がつく。球を元の位置に戻して置き（リプレース）、プレーを続ける。もし動かした球が同伴競技者のものであれば、罰はなく、リプレースしてプレーを続ける。

規則18－2a・参照

# スルーザグリーン

## SITUATION 85

## 泥んこの球を拾い上げて拭いた

前日の雨でコース全体が湿っていて、ベアグラウンド（裸地）で弾んで転がり、ラフに止まった球が泥だらけになっていたので、拾い上げてふいた。

### 1罰打 リプレースしてプレーを続ける

仮に泥だらけであっても止まっているインプレーの自分の球を勝手に拾い上げると1罰打付加となる。元の位置にリプレースしないと2罰打になる。リプレースの際、拾い上げた球をふいても罰の重課はない。

規則18-2a 21・参照

スルーザグリーン

SITUATION **86**
## バックスイングしたら小枝が折れた

林の中で木と木の間を抜こうとしてバックスイングしたらヘッドが木の枝に当たり、枝が折れてしまったので、スイングもそこで止めてしまった。

## 2罰打 そのままプレーを続ける

意図するスイング区域を改善した場合、罰がつく（枝が折れてもスイングを止めずにそのまま球を打ってしまえば無罰）。スイングは一連の動作であり、この事例ではスイングを途中で止めたので、規則でいう「ストロークのためにクラブを後方へ動かす（無罰）」ことにはならない。

規則13-2・参照

## スルーザグリーン

### SITUATION 87

# 救済でドロップしたら目の前が草の山だった

球が「他へ動かすために積み上げられている」刈り取られた草の山にあったので、修理地と見なし、ルールにしたがってドロップしたら、その草の山が目の前にあってプレーの線の妨げとなり、打てない。

どうする!?

## 0罰打 草の山を取り除いてプレーを続ける

刈り取られた草はルースインペディメントでもあるから、無罰で取り除ける。刈り取られた草の山は「修理地」でも、「ルースインペディメント」でもある。

定義24 32 規則23-1 25-1b・参照

# スルーザグリーン

## SITUATION 88
## 障害物からの救済で3回もドロップした

動かせない障害物からの救済でドロップしたら、コース上に最初に落ちた箇所から2クラブレングス以上転がってしまったので再ドロップすると、また同じようなところへ転がってしまった。そこでもう一度ドロップしてしまった。

> あっ またゴ!!

## 0罰打 プレースしてプレーを続ける

プレースすべきところをドロップしてしまったのだから、球を打つ前に拾い上げて、再ドロップしたときに最初に地面に落ちた地点のできるだけ近くにプレースすれば罰はつかない。プレースしないで打ってしまうと、2罰打になる。

規則20-2c　20-6・参照

## スルーザグリーン

SITUATION 89

# 救済でドロップした球が足に当たった

カート道路に止まった球を、動かせない障害物からの救済で、ルールにしたがい、ドロップしたところ、自分の足に当たってしまった。

あれ!?

## 0罰打 ルールにしたがい再ドロップする

ドロップした球がプレーヤーの体に触れたのだから、ドロップをやり直してプレーを続ける（52ページ）。プレーヤーのキャディや携帯品に触れた場合も同じ（この場合、再ドロップの回数に制限はない）。

規則20-2a・参照

## スルーザグリーン

SITUATION 90

# ラフでドロップしたら球がバンカーへ落ちた

バンカーのわきのラフでドロップした球が、バンカーに転がって落ちた。

「止まらないよ!!」

## 0罰打 ルールにしたがい再ドロップする

「再ドロップしなければならない」と決められている9項目があり（52〜53ページ）、その中の1つに「スルーザグリーンからハザード内に転がり込んで止まったとき」がある。再ドロップしてもまた球がバンカーに入ったときには、再ドロップして球が最初に地面に落ちたと思われる地点のできるだけ近い箇所にプレースする。

規則20-2c・参照

## スルーザグリーン

### SITUATION 91

# 再ドロップした球が地面にくい込んだ

雨で柔らかくなっているフェアウェイで球が地面にくい込んでいたので、球を拾い上げドロップしたが、また地面にくい込み、再度ドロップしても同じ結果になった。

地面にくい込んだ球

## 0罰打 球の落ちた地点に近い場所にプレースする

フェアウェイで球が地面にくい込んだときは無罰で救済が受けられる。再ドロップしてもまた球が地面にくい込んだときには、そのくい込んだ位置にできるだけ近い箇所で、ホールに近づかない所にプレースする。この球はふくことができる。

規則20-2c 25-2・参照

## スルーザグリーン

### SITUATION 92
### OB側にスタンスして球を打った

OBラインぎりぎりに球が止まり、スタンスする位置がOB側になってしまったが、そのまま球を打ってプレーを続けた。

白杭のコース側を結んだOBライン

コース側　　OB杭　　OB側

## 0罰打　そのままプレーを続ける

OBかどうかを決めるのは球の位置で、プレーヤーの位置は関係ない。したがって、インバウンズ（コース内）にある球をプレーヤーはOB側に立って打つことができる。ティーインググラウンドでティーアップがティー区域内にあれば、スタンスがティー区域外に出ていてもよいのと同じ。

定義40・参照

# スルーザグリーン

## SITUATION 93
## 抜かれたOB杭に球が接して止まった

ティーショットがOB方向に飛んだので走って捜しにいったら、抜かれてインバウンズ（コース内）に放置されているOB杭に球が接して止まっていた。

抜かれた白杭
OB側
OB杭

## 0罰打 OB杭を除いてプレーを続ける

OB杭があるべきところになくインバウンズ（コース内）に放置してあるのだから、動かせる障害物となり、OB杭を取り除いて、プレーを続けることができる。

定義38　規則24－1・参照

スルーザグリーン

SITUATION 94

## 暫定球と思って打ったら紛失球だった

暫定球を打ち、初めの球より飛ばなかったので、続けて暫定球を打った。しかし、その球はコースに放置してある球だった。ただ、初めの球がその前にあったので、暫定球を放棄し初球でプレーを続けた。

「あれっこれは!?」

OB杭　初めの球

### 2罰打　そのままプレーを続ける

ロストボールを打ったのだから、誤球のプレーになる。暫定球に直接関連した罰（たとえばアドレス後に暫定球が動いたときの1罰打）は暫定球を放棄したときに取り消しになるが、誤球のプレーやアドバイスの罰は取り消しにはならない。

定義44　61　規則15−3b・参照

## スルーザグリーン

### SITUATION 95
## ウォーターハザードの上の木に球が止まった

打った球がフェアウェイからウォーターハザードの上にまでせり出している木の枝の上に止まってしまった。

ウォーターハザード

### 1 罰打　ルールにしたがいドロップする

ウォーターハザードの区域の限界は垂直に上下に及ぶので、ウォーターハザードの球となり、ウォーターハザードの処置をとることができる。その場合は1罰打となる。

定義60　規則26-1・参照

スルーザグリーン

SITUATION 96
## 「やはり6番だった」と 同伴競技者にいった

球を打ってから、球がほぼ同じ距離にある同伴競技者に「ここは1番手上げて6番にすべきだった」と、クラブ選択について示唆を与えるようなことをいってしまった。

**2罰打 そのままプレーを続ける**

つぶやくようにたまたまいったのであれば罰はないが、球がほぼ同じ位置にある同伴競技者に向けてはっきり分かるようにいったのだから、アドバイスしたことになり、違反となる。

定義3　規則8-1・参照

## スルーザグリーン

### SITUATION 97
# 隣りのホールからの球を打ち返した

隣りのホールから打ち込まれたらしい球（紛失球）があったので、隣りのホールのプレーヤーに声をかけたら、球を投げて返せというので、ショートアイアンで打ち返してあげた。

## 0罰打 そのままプレーを続ける

この場合の行為は好意によるものと解釈でき、練習ストロークにはあたらない。無罰でそのままプレーを続けられる。

規則7－2・参照

スルーザグリーン

SITUATION 98
# 練習場の球を練習場に打ち返した

プレーしているホールの隣りが練習場になっていて、コース内に赤線の入った練習用の球があったので、練習場に向けて打ち返してあげた。

練習場

## 0罰打 そのままプレーを続ける

プレー中に練習場から飛んできた球を打ち返すのは、たんにコースをきちんとしておくことだけの目的で行った場合は罰がないが、状況いかんでは規則7-2の違反になるので、注意する。

規則7-2・参照

スルーザグリーン

## SITUATION 99
## スイングを始めるときに球が動いたが打った

バックスイングを始めるときにヘッドが球に触れて動いてしまったが、始めたスイングを止めることができず、そのまま打ってしまった。

> わっ！球が動いた

### 1罰打 そのままプレーを続ける

プレーヤーが球を動かしたことによる罰（1罰打）を受ける。打ってしまった場合は、罰打を加えてそのままプレーを続ける。途中でスイングを止めた場合は、罰打を付加し、リプレースしてやり直す。

規則14-5　18-2a・参照

## スルーザグリーン

SITUATION **100**

# 動いている球を
# そのまま打った

球にアドレスしバックスイングを始めたら突風が吹き球が動き出したが、そのまま打ってしまった。

あれっ!? 打っちゃえ〜!!

## **0罰打** そのままプレーを続ける

球が動いている間は打ってはならない（2罰打）が、止まっていた球がスイングを始めたあとに動き出した場合、球が動いた原因がプレーヤーになければ罰はなく、そのままプレーしていい。スイングを途中で止めた場合は無罰で、球が動いた新しい位置でプレーする（アドレスの定義が2012年に改訂された）。

規則14-5　18-2b・参照

## スルーザグリーン

### SITUATION 101
# アドレス後に球が動きOBになった

OBの近くのラフの斜面で球にアドレスしたら、球が動き出して、OB区域へ出てしまった。

白杭のコース側を結んだOBライン
OB側
コース側
白杭

## 1罰打 リプレースしてプレーを続ける

アドレスしたことによって球が動いた場合は、1罰打でリプレースしてプレーを続ける。OBではないのでその罰はない。しかし、突風などのために球が動いた場合など、プレーヤーが球の動く原因となっていないなら、球が動いたことによる罰はなく、新しい場所からプレーすることになる。つまりこの球はOBとなり、1罰打を付加し、その前の位置に戻って打ち直さなければならない。

規則18-2b・参照

## スルーザグリーン

### SITUATION 102
# キャディーが同伴競技者の球を蹴った

ラフに入った球を捜していた自分のキャディーが、誤って同伴競技者の球を蹴ってしまった。

同伴競技者の球

## 0罰打 リプレースしてプレーを続ける

同伴競技者から見て競技者のキャディーは局外者になるので罰はなく、動かされた球は元の位置に戻して置き(リプレース)、プレーを続ける。キャディーが共用の場合(普段のプレーではほとんどが共用のキャディー)はその同伴競技者は1罰打を付加しなければならない。

定義11 41 規則18-1・参照

## スルーザグリーン

### SITUATION 103

## キャディーが自分の球を拾い上げた

ラフで球を捜していた共用のキャディー（自分のキャディー）がロストボールだと思って拾い上げたら、自分の球だった。

> お客さんの？

> それ私の球だ!!

### 1罰打 リプレースしてプレーを続ける

インプレーの球は規則で許されている場合を除いて、それが故意でも偶然であっても、拾い上げると1罰打になる。球を元の位置に戻して置き（リプレース）、プレーを続ける。

規則6-1　18-2a・参照

## スルーザグリーン

### SITUATION 104
# 共用カートで自分の球を動かした

キャディーが球捜しをしていたので、球のそばまで共用カートを自分で動かしていたら、誤って自分の球を動かしてしまった。

> あっ動いた!!

## 1罰打 リプレースしてプレーを続ける

共用のカートをプレーヤーの1人が動かしている場合は、そのプレーヤーの携帯品と見なされる。つまり、自分の携帯品で球を動かしたのだから、1罰打になり、球は元の位置に戻して置き(リプレース)、プレーを続ける。

定義16　規則18-2a・参照

## スルーザグリーン

### SITUATION 105
### プレー中に球を取り替えてプレーした

プレー中に自分の球と同伴競技者の球が同じ銘柄・番号だったので、球を拾い上げ、分かりやすいように別の球でプレーを続けた。

> 球を取り替えよう‼

## 2罰打 取り替えた球でプレーをする

インプレーの球を理由もなく拾い上げたことに対する罰は重課されず、規則上取り替えられない球を取り替えストロークしたことに対し2打の罰を受ける。

規則15-1　15-2　18-2a・参照

## スルーザグリーン

### SITUATION 106
# スタンスの場所を作ったが改めた

木の枝の上に球が止まってしまい打てないので、カートの上に立って打とうとしたが、ストロークする前にスタンスの場所を作っていることに気づき、カートをどかしてプレーを続けた。

「こうしてはいけないのかな!?」

## 0罰打 カートをどけてプレーすれば罰はない

石やカートなどを使ってスタンスの場所を作っても、ストロークする前にそれらを取り除いたときには罰がつかない（カートに乗ったまま打つと2罰打）。しかし、地面の状態を変形させてスタンスの場所を作ったときには、元の状態への修復が不可能なので2罰打となる。

規則13-3・参照

## スルーザグリーン

### SITUATION 107
# 引き戻したクラブが球に当たった

第2打を空振りしてしまい、クラブを後ろへ引き戻したら、クラブヘッドの背面が球に当たり、球を動かしてしまった。

> あれ!? 当たっちゃった!!

## 1罰打 リプレースしてプレーを続ける

ストロークは打つ意思をもってクラブを前方へ振ることなので、後ろへ引き戻したのはストロークにならない。インプレーの球を動かした1罰打と、空振りの1打を加え2打となる。球はリプレースして、プレーを続ける。

定義54　規則18−2a・参照

## スルーザグリーン

### SITUATION 108
# 左打ちで救済を受け右打ちでプレーを続けた

打とうとしたら木がじゃまになりスイングできそうにない。そこで左で打ってフェアウェイに出そうとしたら、スタンスが動かせない障害物にかかってしまったので、その救済を受けると、今度は右で打てるので、右打ちでそのままプレーを続けた。

左打ちにするとカート道路にかかる。

## 0罰打 そのままプレーを続ける

この場合、左打ちが妥当と考えられるので、動かせない障害物による救済が受けられる。その救済を受けた結果、右打ちができるようになって右打ちしても差し支えない。そのままプレーを続けられる。

規則24－2b・参照

## スルーザグリーン

SITUATION **109**

# 救済を受けると打てないので元に戻した

修理地からの救済を受けるため球を拾い上げたが、規則に基づいてドロップする場所が球の打ちようのない（アンプレヤブルにするしかない）所なので、球を元の位置に戻して置き、プレーを続けた。

修理地

### 1罰打 そのままプレーを続ける

修理地からの救済を受けるために球を拾い上げることはできるが、その救済を受けないのならば球を拾い上げることができなかったことになる。球を元に戻したとしても、許されていない状況で球を拾い上げたことになり、1罰打。そのままプレーを続ける。

規則18-2a　25-1b・参照

スルーザグリーン

SITUATION 110

# 球を打った後に芝を戻したらOBだった

球を打った後に、切り取った芝を元に戻して踏みつけたら、打った球がOBになってしまい、芝を踏みつけた場所の近くにドロップしてプレーを続けた。

## 0罰打 そのままプレーを続ける

ドロップ（リプレースやプレースの場合も同じ）する場所の不整を修復（改善）することは禁じられているが、切り取った芝を元に戻した時点で、その場所にドロップするようになることを知らなかったので、公正の理念により罰はない。しかし、OBの1罰打はつく。

規則13-2・参照

## スルーザグリーン

### SITUATION 111
## プレースした球が止まらない

動かせない障害物からの救済でドロップしたが2度とも球が2クラブレングス以上転がってしまったので、プレースした。ところが球は停止せずに、同じように転がってしまった。

あっ！また転がった!!

### 0罰打 停止する近い地点にプレースしプレーを続ける

再ドロップして球が落下した地点にできるだけ近い所にプレースしても球が止まらない場合は、リプレースする。それでも球が止まらなかったときには、ホールに近づかず、ハザード外の場所で球が停止する最も近い地点にプレースしなければならない。

規則20-2c 20-3d・参照

スルーザグリーン

SITUATION 112
# 距離を計測する電子機器を使った

> ホール攻略の正確性を高めようとして、ホールまでの残り距離を計測する電子機器を使ってプレーした。

「えーとホールまでの距離は・・・」

## 競技失格または無罰

距離を計測する機器を使用することを認めるローカルルールを採用している場合は、無罰。ただし、機器は距離測定以外の機能を持っていないものに限られる。このようなローカルルールが採用されていない場合は、正規のラウンドで使用すると競技失格となる。

規則14-3・参照

## スルーザグリーン

### SITUATION 113
# アンプレヤブルのドロップで球が元の位置に戻った

木の根がじゃましてストロークできないので、アンプレヤブルを宣言し、2クラブレングス以内の処置（または後方線上の処置）を選び、ドロップしたら、球が元の位置に転がって再び打てなくなった。

あれ!?

## 1罰打 再度アンプレヤブルの処置をとる

ドロップした球が2クラブレングス以上転がったり、元の位置よりも前に転がった場合は、やり直さなければならないが、そうでない場合はドロップしたときにその球はインプレーとなっている。そのため、球が止まった場所からプレーを続けなければならない。もう一度アンプレヤブルの処置をとるのであれば、1罰打をさらに加えなければならない。

規則20−2c　28・参照

スルーザグリーン

SITUATION 114

# 樹木の支柱からの救済でドロップしたら元の位置に

樹木の支柱がじゃまで打てなかった。救済のニヤレストポイントから1クラブレングス以内でドロップしたら、同じ場所に戻ってしまった。

あれ!?

## 0罰打 再度ドロップしてプレーを続ける

動かせない障害物、異常なグラウンド状態、目的外のグリーン、地面に食い込んだ球やローカルルールにより救済を受けた、その状態の障害のある場所に転がり戻って止まったときは、再ドロップしなければならない。無罰。再ドロップしてもまた同じ場合は、再ドロップの際に球がコース上に最初に落ちた場所のできるだけ近くにプレースする。

規則20－2c・参照

## スルーザグリーン

### SITUATION 115

# 球の確認のために
# キャディーが拾い上げた

球を捜していた自分のキャディーが、ラフの中に埋まっていた球を勝手に拾い上げ、自分の球であることを確認した。

> お客さんのと違う!?
>
> 私の!?

## 1罰打 リプレースしてプレーを続ける

球を規則に基づいて拾い上げたのではないので1罰打になる。球を元の位置に戻し、プレーを続ける。球の確認のために拾い上げる場合は、拾い上げる前にマーカーや同伴競技者に確かめる意思を知らせ、球の位置をマークしなければならない。マーカーや同伴競技者に球の拾い上げとリプレースに立ち会う機会を与えることも必要。

規則12-2　18-2a・参照

スルーザグリーン

SITUATION 116

## ドロップした球が自分のではなかった

深いラフの木のそばにあって、とても打てそうにない球を自分のものと思いこみ、確認もせずにアンプレヤブルを宣言して、その処置をとりドロップしたところ、自分の球ではなかった（誤球）。

「私のと違う？」
「エッ!?」

### 0罰打 正球を捜してプレーを続ける

ストロークしていないので、罰はない。改めて正球（自分の球）を捜し出し、プレーを続けなければならない。拾い上げられた球は元に戻しておく。

規則15-2　20-6　28・参照

## スルーザグリーン

### SITUATION 117
# OB際の球を同伴競技者が拾い上げた

深いラフに入った球を一緒に捜していた同伴競技者が「これはOB」といって勝手に拾い上げたが、プレーヤーは「インバウンズの球だ」と主張した。

（OBだよ!!／そんなことないよ!!／OB杭）

## 0罰打　その場で委員会に決めてもらうか、第2の球をプレーし、後で委員会に決めてもらう

OBかどうかは事実問題である。結論が出なければ競技委員に決めてもらうのが最善だが、競技委員がいない時はその球をインバウンズの球としてプレーすると共に、その球をOBと仮定し元の場所に戻り、第2の球としてプレーし、ラウンド終了しだい委員会に報告し決めてもらう。一般的にこのケースのようにOBかどうかを確定し難いときは、競技者の主張どおりインバウンズの球とすべきである。同伴競技者は局外者なので、罰はない。

規則3-3　18-4・参照

## スルーザグリーン

SITUATION **118**

# 空き缶に寄りかかった球をドロップした

フェアウェイに打った球が空き缶に寄りかかっていたので、その障害を避けて、球を拾い上げドロップしてしまった。

空き缶

## 1/2罰打 リプレースしたら1罰打、そのままプレーしたら2罰打

空き缶は「動かせる障害物」なので、それを取り除いてプレーすれば無罰だが、球を拾い上げてドロップしたのだから、1罰打になる。球を元の位置に置き(リプレース)、空き缶を拾い上げてプレーを続ける。リプレースしないでプレーすると2罰打になる。

規則18-2a 24-1・参照

# スルーザグリーン

## SITUATION 119

## 5分以上捜して見つかった球でプレーを続けた

自分の球を捜し始めて5分以上たっているのに捜し続け、ようやく捜し当てた球でプレーを続けた。

捜しだしてから5分以上たっている

あった〜!!

### 3罰打 紛失球の処置をとり元の位置に戻りプレーする

球を捜すために許されている時間の5分間を過ぎた時点で、その球は紛失球（1罰打）になり、インプレーの球ではなくなる。その球を打つと誤球のプレーをしたことになって、2罰打となる。次のホールでティーショットを打つ前（最終ホールはグリーンを離れる前）に、訂正のプレー（この場合は紛失球の処置をして元の位置からプレー）をしなかったときには競技失格になる。

定義33　61　規則15－3b　27－1・参照

## スルーザグリーン

**SITUATION 120**

# 空振りの後、アンプレヤブルを宣言した

ティーショットした球がフェアウェイの木の根の間に止まっていたので、スイングしたら空振りしてしまった。そこでアンプレヤブルを宣言して打ち直すことにしたが、ティーインググラウンドには戻ることはできないか。

> あれ!?

### 1罰打 戻ることはできない。アンプレヤブルの処置をとる

その球を最後にプレーしたところは、ティーインググラウンドではなく、木の根元だから、ティーインググラウンドには戻れない。空振りした場所からホールと球を結んだ後方線上か、ホールに近づかないで2クラブレングス以内の場所にドロップする。

規則28・参照

## スルーザグリーン

### SITUATION 121
# 左打ちでヘッドの背面で球を打った

球が木の根元に止まり、右打ちでは打てない。しかたがないので左打ちでクラブヘッドの背面で球を打った。

> 左打ちだ!!

## 0罰打 そのままプレーを続ける

ルールでは球を「クラブのヘッドで正しく打つ」ことを要求しているが、フェースで打たなければならないとは、規定していない。球を押し出したり、かき寄せたりしないで正しく打っていれば、罰はない。

規則14-1・参照

スルーザグリーン

### SITUATION 122
## アンプレヤブルにせず修理地の救済を受けた

とても打てそうもないライなのでアンプレヤブルを宣言したが、よく見ると球のある場所が修理地なので、修理地の救済を受けることにした。

### 0罰打 修理地の処置をとりプレーを続ける

アンプレヤブルの宣言をして球を拾い上げたものの、球をドロップしてインプレーにしていないので、罰なしで、修理地の救済を受けることができる。

規則25　28・参照

## スルーザグリーン

### SITUATION 123
# 樹木の支柱からの救済で誤所にドロップした

樹木の支柱からの救済を受け球を拾い上げたが、間違って別の球に取り替え、ルールにしたがい定めたドロップ地域よりホールに近いところにドロップしてしまった。

## 2罰打 そのままプレーを続ける

間違った場所にドロップしてプレーした場合は、誤所からのプレーとなり、2罰打が付加される。その罰を受ける場合、認められないのに球を取り替える違反や、誤った方法で球をドロップした違反の追加の罰はないと規定されている。

規則20-7c　20-7注3　24-2・参照

スルーザグリーン

SITUATION 124

## じゃまになるディボットを元に戻した

球が完全に切り取られていないディボットの前にあって、バックスイングのじゃまになり気になるので、ディボットを元に戻した。

「じゃまだな〜」

### 2罰打 そのままプレーを続ける

完全に切り取られていないディボットは、ルースインペディメントではないので、これを元の位置に戻したり取り除くことは、ライや意図するスイングの区域の改善となり、2罰打となる。

規則13-2・参照

## スルーザグリーン

### SITUATION 125
### リプレースの後に修理地からの救済を受けた

修理地内で球を捜していて誤って自分の球を蹴ってしまい、あわててリプレースしたが、やはり修理地の救済を受けることにして、修理地外にドロップした。

## 0罰打 そのままプレーを続ける

修理地内の球を捜していて偶然動かしても罰はない。球をリプレースして救済を受けないでそのままプレーを続けることもできるし、リプレース後に修理地の救済の処置をとることもできる。

規則12-1　25-1・参照

## スルーザグリーン

SITUATION **126**

# 距離を測ろうとして球を動かした

動かせない障害物からの救済で球をドロップしたら、2クラブレングス以上転がったようだったので、その距離を測ろうとして、たまたま球に触れてしまい動かしてしまった。

> あっしまった!!

## **0罰打** ドロップかリプレースしてプレーを続ける

2クラブレングス以上転がったかどうかを測っていて球を動かしても罰はない。球が2クラブレングス以上転がっていれば再ドロップし、2クラブレングス以内なら動く前の位置に球をリプレースして、プレーを続ける。

規則18-6 24-2・参照

## スルーザグリーン

### SITUATION 127
# 空き缶が球をハザードに落とした

風に飛ばされてきた空き缶が止まっている球に当たって、その球がウォーターハザードに入ってしまった。

## 0罰打 リプレースしてプレーを続ける

止まっている球が局外者である空き缶に動かされたのだから、罰はない。球は元の位置にリプレースしてプレーを続ける。

規則18-1・参照

## スルーザグリーン

### SITUATION 128
# 間違って別の球でドロップした

動かせない障害物から救済を受けてドロップしたが、間違って初めの球ではない別の球をドロップしてしまった。

**0罰打 正球をドロップしてプレーを続ける**

球を取り替えることができないので、間違えた別の球を罰なしに拾い上げ、規則に従って初めの球でドロップし直せば、無罰。正しい球に取り替えないでプレーすると、その球がインプレーの球となり、2罰打になる。

規則20-6　15-2・参照

## スルーザグリーン

SITUATION **129**

# 斜面での球が地面にくい込んだ

斜面に止まった球を上から打ち込んだら、球が地面にくい込んでしまい、打てなくなってしまった。

## 1罰打 アンプレヤブルの処置をとる

球の勢いで作った穴にくい込んでいるときは無罰で救済されるが、打ち込んで作った穴にくい込んだのだから救済は受けられない。アンプレヤブルの処置をとるしか方法がない。

規則25-2 28・参照

スルーザグリーン

SITUATION **130**

# 修理地の木の枝がスイングの妨げになる

修理地の近くに止まった球をプレーするのに、修理地内に生えている木の枝がスイングの妨げになって打てない。

じゃまだな〜

## **0罰打** 修理地の処置をとりプレーを続ける

修理地内に生えている草やかん木、樹木などは修理地の一部。したがって、修理地に生えている木の枝は修理地の一部なので、それがスイング区域の妨げになれば、修理地からの救済が受けられる。

定義24　規則25-1・参照

## スルーザグリーン

### SITUATION 131
# カジュアルウォーターから2度の救済を受けた

カジュアルウォーターからの救済を受けて球をドロップしたら、別のカジュアルウォーターの中に止まってしまった。そこでもう一度カジュアルウォーターの救済を受け球をドロップしてプレーを続けた。

「あっまた入っちゃった!!」

## 0罰打 そのままプレーを続ける

カジュアルウォーターからの救済でドロップした球が別のカジュアルウォーターの中に止まったので、再ドロップの必要はなく、球はインプレーとなり、さらに別のカジュアルウォーターの中に止まったのだから、改めてカジュアルウォーターの救済を受けることができる。罰はない。

規則25－1b(i)・参照

スルーザグリーン

SITUATION **132**
## ルースインペディメントを取り除いた

再ドロップで球が2クラブレングス以上転がったので、球をプレースしなければならない。そこでプレースする地点やその周りのルースインペディメントをあらかじめ取り除いた。

### **0罰打** そのままプレーを続ける

球をプレースする箇所の不整を直したりするとライの改善になり2罰打になるが、ルースインペディメントを取り除くことは罰にはならない。

規則13-2　23-1・参照

スルーザグリーン

## SITUATION 133
# 目土をしたところにスタンスした

2打めを待っている間に、キャディーがプレーヤーの球の周りのディボット跡に目土をした。プレーヤーは2打めを打つときスタンスをとったら、ちょうど足がその目土の上になってしまったが、そのままスタンスをとってプレーした。

## 2罰打 そのままプレーを続ける

キャディーが目土をしたところにスタンスをとったのだから、スタンスの場所を作ったことになり、プレーヤーの責任になって、2罰打になる。

規則13-2　13-3・参照

スルーザグリーン

SITUATION 134
# 障害物の中の球を取り戻せない

球が排水用の土管の中に入ってしまい、球があることは確認できたが、すぐには取り戻せない。

「中に入っちゃった!!」

## 0罰打 そのままプレーを続ける

球がすぐに回収できないときは別の球に取り替えて、「動かせない障害物」からの救済を受けることができる。救済を受ける場合には、排水管の中に球が止まっている箇所の真上の地点（地上）を基点にした救済のニヤレストポイントから1クラブレングス以内の箇所で、①ホールに近づかず、②ハザード内でもグリーン上でもない場所に無罰でドロップすることができる。

規則24-2b 注2・参照

## スルーザグリーン

### SITUATION 135

## OB杭からの救済でドロップした

OB杭のそばに止まっているインバウンズの打ちようのない球を拾い上げ、動かせない障害物の救済を受けてドロップした。

### 1罰打 リプレースしてプレーを続ける

OB杭は固定物であって障害物ではない。したがってOB杭からの救済は受けられない。インプレーの球を拾い上げた違反により1罰打となる。その球は元の位置にリプレースしなければならない。リプレースしないでドロップしたまま打ってしまうと、2罰打になる。

規則18-2a・参照

スルーザグリーン

## SITUATION 136
### 枝についた水滴を振り落としてアドレスした

雨のあとの林の中に球が入ったら、木の枝に水滴がいっぱいついていた。バックスイングでその水滴が気になり、アドレスする前に木の枝を両手でゆすって、水滴を振り落とした。

## 2罰打 そのままプレーを続ける

打つ前にバックスイングで気になる木の枝についた水滴を振り落とし取り除いたことが、意図するスイングの区域を改善したことにあたり、2罰打になる。

規則13-2・参照

## スルーザグリーン

### SITUATION 137
# 2つの障害から1つずつ救済を受けた

カート道路が水に浸かりカジュアルウォーターになっており、その中に球が止まった。そこで、カート道路からの救済を受けてから、カジュアルウォーターの救済を受けた。

## 0罰打 そのままプレーを続ける

2つの異なる障害から救済を受けるときは、1つずつ救済を受けていくのが正しい方法。まず、カート道路(またはカジュアルウォーター)の救済を受け、次にカジュアルウォーター(またはカート道路)の救済を受ける。同時に2つの障害から救済が受けられる救済のニヤレストポイントに球をドロップすることはできない。　規則24-2b　25-1b・参照

スルーザグリーン

## SITUATION 138
## 距離標示杭を抜いて打った

球が斜面にある距離表示杭のそばに止まってしまって打てないので、杭を抜いて球を打った。

### 0罰打 そのままプレーを続ける

すぐに抜ける距離標示杭は「動かせる障害物」になり、抜いてプレーしてもよい。プレーの後、距離標示杭は元に戻しておく。すぐに抜けない場合は「動かせない障害物」となり、その救済を受けることができる。

規則24-1　24-2b・参照

## スルーザグリーン

SITUATION **139**
# ロストボールを ドロップした

球が深いラフで見つかったが、打てそうもない。アンプレヤブルを宣言してドロップしたら、その球はロストボールだった。

あれ違う球だ!!

## **0罰打** 初めの球を捜してプレーを続ける

初めの球が見つけられなければ、アンプレヤブルの処置もできない。まだドロップした球をプレーしていないので、規則に基づいてその球を放棄し初めの球を捜し出してプレーすれば、誤りを訂正でき罰はない。初めの球が見つからなければ、1罰打付加して紛失球の処置をとる。

規則20−6　27−1　28b　28c・参照

スルーザグリーン

SITUATION **140**

# ラフの球を
# バンカーにドロップした

深いラフに球がもぐりこんで、とても打てそうにないので、アンプレヤブルの処置をとり、バンカーにドロップした。

## **0罰打** そのままプレーを続ける

アンプレヤブルの1罰打はつくが、スルーザグリーンにある球を規則に許されている範囲内のバンカー内にドロップしても罰はない。

規則28・参照

## スルーザグリーン

SITUATION **141**

## レフェリーが間違った判定を示した

打球が前の組のカートに当たったので、レフェリーに相談したところ、罰なしで再プレーするよう裁定されたので、したがった。規則ではそのままプレーを続けていいはずだと次のホールのティーショット後に気がついた。

### **0** 罰打 そのままプレーを続ける

規則では、前の組の携帯品（カートも含まれる）は局外者。局外者に球の動きを変えられた場合は、ラブオブザグリーンであり、誰にも罰はなく、その球はあるがままの状態でプレーすると規定されている。が、「委員会より委嘱をうけているレフェリーの裁定は最終である」という規則が優先する。そのためそのレフェリーの裁定にしたがったプレーは有効となる。

規則19－1　34－2　34－3・参照

## ウォーターハザード

SITUATION **142**

# 水のないウォーターハザードから直接打った

ウォーターハザードに球が入ったが、行ってみると池の水が涸れていて小さな水たまりになっている。球は幸い土の上にあったので、そのまま打ってプレーを続けた。

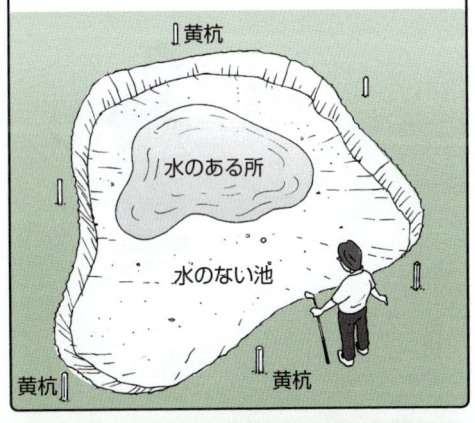

図中ラベル: 黄杭 / 水のある所 / 水のない池 / 黄杭 / 黄杭

## **0罰打** そのままプレーを続ける

ウォーターハザード内の球をそのまま打つことはできる。しかし、ハザード内なのだから、打つ前にクラブで地面や水面に触れることはできないので注意する。この違反は2罰打となる。

規則13-4　26-1・参照

# ウォーターハザード

## SITUATION 143
## ハザード区域外の水の中に球がある

ウォーターハザードが増水して、境界線を示す黄色杭より外にあふれ出た水の中に球があった。カジュアルウォーターの救済を受けられるか？

（あれ!? 水があふれてる!!）

黄杭

### 0罰打 カジュアルウォーターの処置をとりプレーする

ウォーターハザードの境界は黄色杭ではっきり示されているので、その区域外にあふれ出た水は「カジュアルウォーター」になる。カジュアルウォーターの処置（44ページ）をとり、プレーを続ける。

規則25-1b・参照

## ウォーターハザード

**SITUATION 144**

## クラブがハザード内の草に触れた

ウォーターハザード内の水のないところに止まっていた球を打とうとしてバックスイングしたら、ハザード内の長く伸びている草にクラブヘッドが触れた。

→ ウォーターハザード内

### 0罰打 そのままプレーを続ける

ウォーターハザード内で触れてはいけないのは水面と地面、およびルースインペディメントだけで、草や樹木などの生長物や障害物に触れても罰はない。そのまま、プレーを続ける。

規則13－4注・参照

# ウォーターハザード

## SITUATION 145
### ハザード内の球が流されてOBになった

水の流れのあるラテラル・ウォーターハザードに球が飛び込み、水の流れに球が乗って、OB区域に入ってしまった。

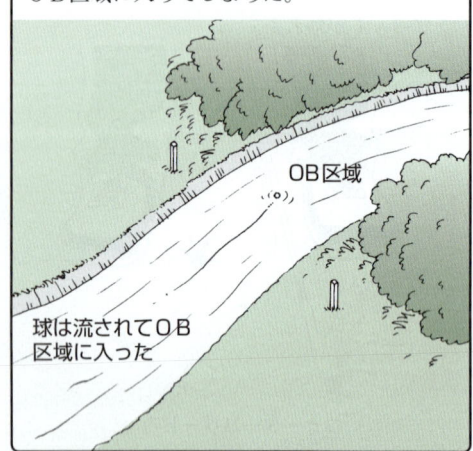

OB区域

球は流されてOB区域に入った

### 1罰打 球を打った元の位置に戻り打ち直す

水や風は局外者ではないので、それにより球が動かされた場合には、球の止まった所からプレーを続けることになる。OB区域に入ったのだから、OBの処置をとり、その球を打った元の位置に戻って打ち直す。

定義40　規則20-5　26-1　27-1・参照

## ウォーターハザード

**SITUATION 146**

# 球が池の先の土手に当たって落ちた

グリーン手前にある池（ウォーターハザード）越えのアプローチをしたら、球が対岸のハザード区域外の斜面に当たって戻り、池に落ちた。

## 1罰打 ドロップしてプレーを続ける

ウォーターハザードの処置をとることになるが、問題はドロップする位置だ。①その球を最後に打った所のできるだけ近い地点にするか、②その球がハザードの境界線を最後に横切った地点とホールとを結んだ、そのハザードの後方線上（距離の制限はない）にするかを選ばなくてはならない。

規則26-1・参照

# ウォーターハザード

## SITUATION 147
## グリーン奥から手前の池に落ちた

手前の池が気になり大きめのクラブで打ったら、球はグリーンオーバーしてラフに止まり、返しのアプローチで今度はグリーンの手前の池に落としてしまった。

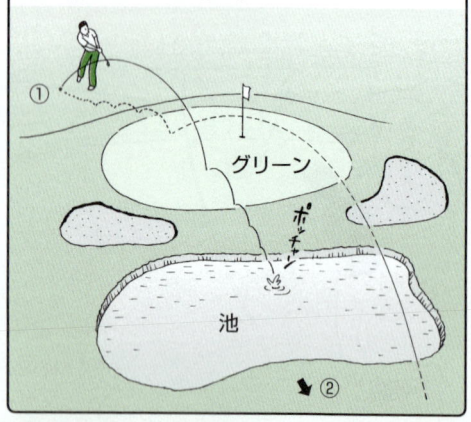

## 1罰打 ドロップしてプレーを続ける

ウォーターハザードの処置にしたがい、①その球を打った前位置のラフにドロップするか、②ハザードの境界線を最後に横切った地点とホールとを結んだそのハザードの後方線上にドロップし、プレーを続ける。

規則26-1・参照

# ウォーターハザード

### SITUATION 148
## 橋の上に球が止まってしまった

池越えのパー3のホールで、ティーショットをしたら、球が池に架かっている橋の上に止まってしまった。

### 0/1罰打 そのまま打つか、ドロップしてプレーを続ける

ウォーターハザードの区域は垂直に上下にも及ぶので、池に架かる橋の上に止まった球はウォーターハザード内の球となる。橋は「動かせない障害物」だが、ハザード内にある場合は救済が受けられない。そのままプレーするか（クラブを橋にソールできる）、できないときは、1罰打付加してウォーターハザードの処置をとることができる。

規則13-4注　26-1・参照

# ウォーターハザード

## SITUATION 149
## 別の球を打ったら初球が見つかった

第2打を池（ウォーターハザード）に打ち込んだものと思い、その球を打った元の場所から別の球をプレーしたら、初めの球が池のそばのラフで見つかった。

初めの球

## 1罰打 そのままプレーを続ける

初めの球は紛失球になり、池に入ったと思ってドロップして打った別の球がインプレーの球となる。ストロークが3打、ロストボールの罰打が1打あるので、次打は第5打めになる。

定義33　規則27－1・参照

# ウォーターハザード

## SITUATION 150
## 球のそばにある紙コップを取り除いた

球が池（ウォーターハザード）に入ったらしい。球を見つけにいったら、ほとんど水のないところに止まっていたが、球のそばに紙コップがあったので取り除いた。

紙コップ
ウォーターハザード

### 0罰打 そのままプレーを続ける

動かせる障害物（人工の物件）はハザード内でも無罰で取り除くことができる。動かせる障害物には紙コップやビニール、空き缶、バンカーならし、ロープなどが含まれる（33ページ）。

定義38　規則24-1・参照

# ウォーターハザード

## SITUATION 151

## 球にかぶさっている小枝を取り除いた

ウォーターハザード内の水のないところに球があったが、その上に小枝がかぶさっていてじゃまなので取り除いた。

ウォーターハザード

### 2罰打 そのままプレーを続ける

ウォーターハザード内にあるルースインペディメントに触れたり動かすと2罰打。取り除いたルースインペディメントは戻しても、戻さなくてもいい。ただし球が見つからないほどルースインペディメントに被われていた場合は、それらを動かしてもいいが、球を確認したのちリプレースしなければならない。その際に、球をほんの一部見えるようにすることは認められている。

規則12−1b 13−4・参照

## ウォーターハザード

SITUATION **152**

# OBの後、ハザードの処置をとった

水のない池(ウォーターハザード内)の中から直接球を打ったらOBになったので、今度はウォーターハザードの処置をとった。

## 2罰打 そのままプレーを続ける

OBなのでその処置をとり、1罰打。そのままウォーターハザード内にドロップしてプレーすれば追加の罰はないが、ウォーターハザードの処置をとったので、さらに1罰打が加わり、計2罰打となる。

規則26-2b・参照

# ウォーターハザード

### SITUATION 153
## 池の地面に埋まった球を拾い上げた

水のないウォーターハザードの地面に球が埋まっていて、自分の球かどうか識別できないので、同伴競技者に球を確認する意思を前もって知らせ球の位置にマークして、同伴競技者に立ち会う機会を与え球を拾い上げたら、自分の球だった。

マークする　　ウォーターハザード

## 0罰打　リプレースしてプレーを続ける

ハザード内でも、2008年の規則から識別のために球を拾い上げることができるようになった。そのかわり誤球すると2罰打になる。拾い上げた球は元の位置に戻して置かなければならない（リプレース）。

規則12-2　15-3・参照

## ウォーターハザード

SITUATION 154
## ラテラル・ウォーターハザードと間違えた

グリーンの前を斜めに横切っている小川に球を打ち込み、てっきりラテラル・ウォーターハザードだと思い、球が最後にそのハザードの限界を横切った地点の対岸から2クラブレングス内の所にドロップしプレーを続けた。

ウォーターハザード

### 3罰打 誤所からのプレー。ウォーターハザードの処置をとる

ウォーターハザードの処置による1罰打に加え、誤所からのプレーとなり、2罰打を付加し、その球でホールアウトしなければならない。さらに、誤所からプレーしたことによってプレーヤーが大きな利益を得る恐れのある場合(重大な違反)は、訂正のプレーをしなければならない。

規則20-7c 26-1・参照

# ウォーターハザード

## SITUATION 155
## ハザードの球をキャディーが拾い上げた

水のほとんどないウォーターハザードに球が入り、その球をキャディーがたまたまプレーヤーの許可もなしに拾い上げた。

ウォーターハザード

### 1/2罰打 リプレースかドロップしてプレーを続ける

キャディーがインプレーの球を拾い上げたことに対して1罰打になる。プレーヤーは球をリプレースしてそのままプレーするか、さらに1罰打を付加してウォーターハザードからの救済の処置をとるかの、いずれかを選ばなければならない。

規則18-2a　26-1・参照

## ウォーターハザード

### SITUATION 156
# 芝を短く刈った地面にアドレスした

球が水のほとんどないウォーターハザードに入ったが、芝を短く刈り込んだ地面の上にあったので、あるがままにプレーすることにして、クラブをその地面にソールしアドレスして、球を打った。

ウォーターハザード

## 2罰打 そのままプレーを続ける

ウォーターハザードでは草や樹木などの生長物に触れても罰はないが、水面や地面に触れることは禁止されており、地面にクラブが触れているので、2罰打になる。

規則13-4・参照

# ウォーターハザード

## SITUATION 157
## ハザードで打ったらロストボールだった

水のないウォーターハザードに球が入ったので、確かめもせずそのまま球を打ったら、ロストボールだった。

**2罰打　正球を捜しプレーする**

ハザード内でも誤球のプレーをすると2罰打になる。改めて正しい球を捜してプレーする。

規則15−3・参照

## ウォーターハザード

SITUATION **158**
# ハザードの外から球にソールした

> 球は明らかにウォーターハザードの境界線の中にあった。しかし、アドレスをするときはソールをウォーターハザードの外にした。

（図：黄杭／ウォーターハザード）

## **0罰打** そのままプレーを続ける

球がウォーターハザード内にあっても、その球を打つときハザードの外ならクラブをソールしても罰はない。

規則13-4・参照

## ウォーターハザード

### SITUATION 159
### クラブの汚れをハザードの水で落とした

ウォーターハザード内の球を直接打ったら、ますます打てないようなところに飛んでしまった。そこで、今度はウォーターハザードからの救済を受けることにして、泥まみれになったクラブの汚れをハザードの水で落とした。

> 洗っちゃおう

## 0罰打 そのままプレーを続ける

ウォーターハザードから続けて打つ場合は、打つ前に水にクラブを触れると2罰打になるが、ウォーターハザードの救済を受けるので、明らかにハザードの外でストロークをすることになり、罰はない。

規則13−4・参照

## ウォーターハザード

### SITUATION 160
## ハザードの救済でバンカーにドロップした

ウォーターハザードからの救済を受けるとき、球がウォーターハザードの境界を最後に横切った地点とホールを結んだ後方線上にドロップする処置を選んだ。その結果バンカーにドロップした。

### 0罰打 そのままプレーを続ける

ウォーターハザードの救済により1罰打となるが、規則により最後に横切ったウォーターハザードの境界線とホールを結ぶ後方線上にドロップする限り、バンカー内にドロップしても罰はない。

規則26-1・参照

# ウォーターハザード

## SITUATION 161

## 水に流されている球を打った

ラテラル・ウォーターハザードの水に流されて動いている球を打った。

ラテラル・ウォーターハザード

### 0罰打 そのままプレーを続ける

動いている球を水中に限っては打つことができる。ただ、球が流されてよい状況になるのを待ったりして、そのためにプレーを遅延させてはならない。

規則14-5　14-6・参照

## ウォーターハザード

SITUATION **162**

# ハザードの斜面に止まった球を動かした

ウォーターハザードの水の中に入ったと思った球が斜面の草むらに止まっていて、水の中の球を捜しているときに、たまたまその球に足が触れてしまい動かしてしまった。

あっ!?

ウォーターハザード

## 1/2 罰打 リプレースするかウォーターハザードの救済を受ける

球が実際に水の中に入っていなかったので、プレーヤーがインプレーの自分の球を動かしたことにより1罰打となる。プレーヤーは動かした球をリプレースするか、さらに1罰打追加して、ウォーターハザードの救済を受けることになる。

規則12-2c 18-2a 26-1・参照

## バンカー

### SITUATION 163
# 同伴競技者の球を打ってしまった

2個の球がバンカーの同じような所へ入っていたので、球を確かめもせずに打ってしまったら、同伴競技者の球だった。

自分の球

## 2罰打 改めて自分の球を打つ

ハザード内でも誤球のプレーをすると、2罰打になる。改めて自分の球（正球）を打ってプレーを続ける。誤球の持ち主は、初めのライの状態に戻し元の位置に球を置き（プレース）、プレーを続ける。

規則12-2 15-3b 20-3b・参照

バンカー

SITUATION 164
# 球のライに影響する小枝を同伴競技者が動かした

2人の球がバンカーに入り、自分の球のすぐ近くに小枝があった。もう1人が先に打つ際、要求されたので、自分の球をいったん拾い上げた。そのプレーヤーのショットによってその小枝は動いてしまった。

「あっ、枝が動いた」

## 0罰打　そのままプレーを続ける

2つの球が近くにあって障害となる場合、先に打つプレーヤーの要求で球を拾い上げる。当初のライが変えられていた場合バンカー内では、はじめのライとほぼ同様にライを復元して、そのライにプレースすることが求められる。だが、ルースインペディメントはライの一部ではないのでリプレースする必要はない。リプレースしてもいいが、そのときにバンカー内でルースインペディメントに触れても罰はない。

規則20-3b　22　裁定集20-3b／8・参照

# バンカー

## SITUATION 165
### 球にかかった砂を取り除いた

同じバンカーに入っていた同伴競技者がバンカーショットしたら、砂が飛び散り、自分の球にかかり、ライも変わったので、その砂を取り除いてバンカーショットした。

「砂を取り除いてから打とう」

## 0罰打 そのままプレーを続ける

球にかかった砂や球のあるところの周りの砂は、無罰でほぼ同じ状態になるまで取り除くことができる。プレーヤーは自分の球が止まったときのライや球の状態を、確保する権利がある。

規則1-4 13-2 13-4・参照

## バンカー

### SITUATION 166
# 枯れ葉を取り除き球を確認した

バンカーに打ち込んだら、何枚か重なった枯れ葉の中に球が入ってしまい、どこに球があるのか分からないので、枯れ葉の一部を取り除いて捜したら、自分の球の一部が見えた。

バンカー内

## 0罰打 そのままプレーを続ける

ハザード内にあるルースインペディメントは動かしたり、取り除くことはできないが、球を捜す場合に限り、球の一部が見える程度に枯れ葉（砂も同じ）を動かしたり、取り除くことができる。

規則12-1b・参照

## バンカー

### SITUATION 167

## 球に吸いがらがかぶさっていた

バンカーに入った球に、風で飛ばされたのか、数本のたばこの吸いがらがかぶさっていたので、それを取り除いてから打った。

### 0罰打　そのままプレーを続ける

たばこの吸いがらや空き缶、発泡スチロールの器などコースに残された人工のものは「動かせる障害物」（33ページ）だから、取り除いてプレーを続けることができる。その際、球が動いても無罰でリプレースできる。

規則24-1・参照

# バンカー

## SITUATION 168
## クラブをバンカー内に置いて打った

バンカーショットをするか、ランニングにするか判断がつかなかったので、クラブを2本持って入り、1本をバンカーの砂の上に置いてバンカーショットをした。

### 0罰打 そのままプレーを続ける

バンカー内にクラブやバンカーレーキを置くことはできるので、そのままプレーは続けられる。ただし、クラブを突き刺したり、砂をはらったりして、砂のテストやライの改善となる行為をすると違反（2罰打）となる。また、打ち損じて球がクラブに当たっても、1罰打になる。

規則13-4例外1　19-2・参照

## バンカー

### SITUATION 169
# バンカーならしを取ったら球がバンカーに落ちた

球がバンカーのふちに置いてあるバンカーならしに止まっていたので、バンカーならしを取り除いたら球がバンカーに転がり込んだ。

あれ!? 落ちた!!

## 0罰打 リプレースしてプレーを続ける

バンカーならしは動かせる障害物だから、当然取り除ける。そのとき球が動いたら、罰なしに球を元の位置に戻して置き(リプレース)、プレーを続けなくてはならない。

規則24-1・参照

バンカー

SITUATION **170**

# 全面水浸しのバンカーに球が入った

グリーンわきのガードバンカーに球が入ったので、足早で見にいったら、なんとバンカー全体が水浸し（カジュアルウォーター）になっていた。

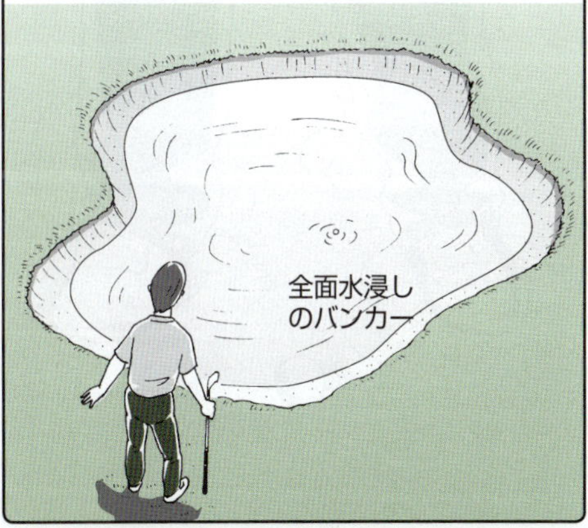

全面水浸しのバンカー

## 0/1罰打 球とホールを結んだ後方線上にドロップ

そのまま打つか、バンカー内で最大限の救済を受けられる場所にドロップできれば無罰だが、それが無理なら1罰打付加し、ホールと球を結んだ線上でそのバンカーの後方に、ドロップすることもできる。

規則25－1b・参照

## バンカー

### SITUATION 171

# 足場を固めていたら球が動いた

バンカーで足場を固めるため、スパイクを左右に動かし砂に埋めていたら、スタンスをとる前に球が動いてしまった。

球が動く

## 1罰打 リプレースしてプレーを続ける

スタンスをとろうとして砂を動かしたことが球を動かす原因となっているため、1罰打となる。動いた球は元の位置に戻して置き、プレーを続ける。

規則18-2a・参照

バンカー

### SITUATION 172
## 球にかぶさった枯れ葉を取り除いて打った

バンカーに入った球に枯れ葉が2〜3枚かぶさっており、ショットのじゃまになるので、全部取り除いてから球を打った。

バンカー内

### 2罰打 そのままプレーを続ける

ハザード内では球を捜すとき以外、ルースインペディメント（枯れ葉など）に触れたり、動かしたりできない。

規則13-4c・参照

## バンカー

### SITUATION 173
# バックスイングで
# ヘッドが砂に触れた

球の後ろのバンカーの砂が少し高くなっていたので、バックスイングでクラブヘッドが砂に触れたが、そのまま打ってしまった。

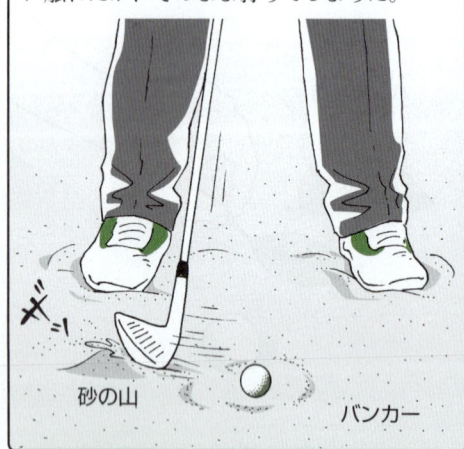

砂の山　　バンカー

## 2罰打　そのままプレーを続ける

バンカーではそのバンカー内の球を打つ前に、クラブヘッドや手などで砂に触れると違反となり、2罰打を加え、そのままプレーを続ける。

規則13-4b・参照

## バンカー

### SITUATION 174

# バンカーならしを砂に突き刺した

バンカーショットの後で砂をならそうとして、バンカーならし（レーキ）を持って入り、スイングのじゃまにならない所の砂に突き立ててから、球を打った。

## 2罰打 そのままプレーを続ける

バンカーならし（レーキ）を砂の上に置くことや放り入れることは許されているが、突き立てる（転びそうになってレーキを杖代わりに突き立てたときは無罰）と砂のテストと見なされ2罰打になる。

規則13－4a・参照

# バンカー

## SITUATION 175
## 荒れていた場所を打つ前にならした

自分の球がバンカーに入り、打つ準備をしにバンカーに入った。同伴競技者のプレーを待っている間に、バンカー内の砂に足跡がついていたのでならした。

## 0/2罰打 そのままプレーを続ける

コースの保護を目的とするなら、球のライの改善や意図するスタンス・スイングの区域、プレー線の改善とならないことを条件として、いつでもハザード内の砂や土をならすことができるため、罰はない。ただし、上記の改善に当たる場合は、2罰打でそのままプレーを続ける。

規則13-2　13-4例外2・参照

バンカー

## SITUATION 176
## 砂をならすときに小枝を動かした

自分の球がバンカーに入り、打つ前にコース保護を目的として、荒れていた場所の砂をならしていたら、小枝を動かしてしまった。

### 0罰打 そのままプレーを続ける

前ページで説明したようにライやスイングの区域などの改善とならないならば、コース保護を目的として、打つ前にでも砂や土をならすことができる。この「認められている行為」によって小枝＝ルースインペディメントを動かしたとしても、それがライやスタンス・スイングの区域、プレー線の改善につながっていないならば、違反とはならない。小枝も戻す必要はない。

規則13-4例外2　裁定集13-4／9.5・参照

## バンカー

### SITUATION 177

# 砂をならした所へ球が後戻りした

バンカーショットをした後、ラフの斜面に球が止まったので、砂をならしてしまったら、球が後戻りしてきて、バンカーに転がり落ちた。

> あれ!? 落ちてくるよ

### 0罰打 球の止まった所からプレーを続ける

球をバンカーから脱出させ、球がバンカー外にある間に砂をならし、その後で球がならした場所に転がり戻っても、何ら罰はない。しかし、転がり戻った後でもバンカーをならし続けていれば、2罰打になる。

規則13-4例外2・参照

バンカー

## SITUATION 178
# 球が砂と芝の間にめり込んで打てない

> バンカーに飛び込んだ球がバンカーの砂と草の間にめり込んだため、そのままでは打てそうにない。

### 1罰打 アンプレヤブルの処置をとりプレーを続ける

無理して球を打っても、バンカーに転がり出てくるのが精いっぱいのような状態なのであれば、1罰打加えてアンプレヤブルの処置（バンカー内での後方線上、バンカー内で球から2クラブレングス、元の球の位置に戻る＝46ページ）をとることが賢明である。

規則28・参照

# バンカー

## SITUATION 179
## 自分の球を確認するため拾い上げた

バンカーに飛び込んだ球が砂にめり込んで、自分の球かどうか識別できないので、球を拾い上げて確認した。

砂にめり込んだ球を拾い上げる

### 0/1罰打 リプレースしてプレーを続ける

コース内のどこでも自分の球かどうかを確かめるためには、プレーヤーはマーカーか同伴競技者に球を確かめる意思を前もって知らせ、球の位置をマークし、そのあとマーカーや同伴競技者に球の拾い上げとリプレースに立会わせる機会を与えなければならない。これを怠ると1罰打になる。

規則12-2　15-3・参照

## バンカー

SITUATION **180**
# クラブでバンカーの砂をたたいた

バンカーショットをしたら、一発で球が出なかったので、悔しまぎれにクラブヘッドで、砂をたたいてしまった。

出なかった球。

## 2罰打 そのままプレーを続ける

球がまだバンカー内にあるときに、クラブで砂をたたくことは規則で許されていない。2罰打を付加し、そのまま自分の球でプレーを続ける。

規則13-4・参照

# バンカー

## SITUATION 181
## OBになったので砂をならした所にドロップした

バンカーから球をクリーンに打った。うまく球が飛んだので、バンカーの砂をならしていたら、その球がOBになってしまった。そこで、そのまま砂をならした所に球をドロップして、プレーを続けた。

砂をならしたバンカー

## 0罰打 そのままプレーを続ける

プレーヤーの球がバンカー内にあるときには、バンカーの砂の状態をテストしたり、砂に触れることは禁じられているが、すでに球がバンカー内から出た後なので、罰にはならない。ドロップした球でプレーを続ける。ただし、OBの1罰打はつく。

規則13-4例外2・参照

バンカー

## SITUATION 182
### 紙コップを取り除いたら小枝が動いた

バンカーに球が入り、風で飛んできたのか紙コップがかぶさっていたので、それを取り除いたら、それに触れていた小枝（ルースインペディメント）が動いてしまった。

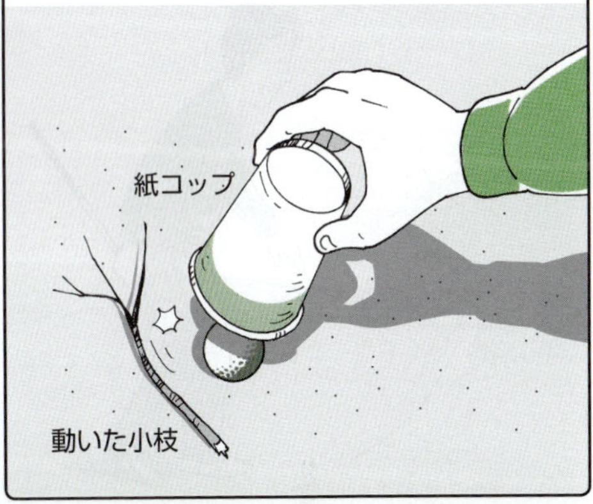

紙コップ
動いた小枝

**0罰打　小枝を元に戻しプレーを続ける**

紙のコップは動かせる障害物なので、取り除いても罰はない。しかも、その結果小枝（ルースインペディメント）が動いても、公正の理念にしたがって罰はない。しかし、動いたルースインペディメントは、元の位置のできるだけ近くにプレースしなければならない。

規則1-4　24-1・参照

バンカー

### SITUATION 183
# 球が砂の上に出ている草の上に止まった

第2打の球がグリーン手前のバンカーの砂の上にせり出している草の上に止まってしまった。球は砂に触れていないが、バンカーの垂直上にあるのでどう扱うべきか。

## 0罰打 そのままプレーを続ける

バンカーはウォーターハザードと違い、その限界は垂直に上には及ばない。しかも、球が砂に触れていないのだから、たとえスタンスがバンカーにかかっても、スルーザグリーンの球となる。そのままプレーを続ける。

定義9・参照

バンカー

SITUATION **184**

## バンカー外の球にアドレスし砂に触れた

球がバンカーの際の草の上に止まっていた（バンカー外）ので、バンカー内にスタンスをとり球にアドレスしようとしたら、クラブヘッドが砂に触れてしまった。

ヘッドが砂に触れた

### **0罰打** そのままプレーを続ける

バンカー外のスルーザグリーンの球なのだから、たとえスタンスがバンカー内にあって、アドレスやバックスイングでクラブヘッドがバンカーの砂に触れても、罰はない。

定義9　規則13-4・参照

## バンカー

### SITUATION 185
# バンカー内での練習スイングで砂に触れた

球がバンカーに入ったので、バンカー内で練習スイングをしたら、クラブヘッドが砂に触れた。

## 2罰打 そのままプレーを続ける

球がバンカー内にあるのに、そのストロークの前にクラブヘッドが砂に触れたのだから、2罰打になる。

規則13-4・参照

バンカー

### SITUATION 186
# 飛んできたディボットを取り除いた

バンカー内にある球の上に同伴競技者が打ったディボットがかぶさり、球が打てなくなったので、そのディボットを取り除いてプレーした。

## 0罰打 そのままプレーを続ける

公正の理念により、プレーヤーは初めに止まっていたライからプレーすることが認められるので、無罰でそのディボットを取り除くことができる。

規則1−4　裁定集13−4／18・参照

## バンカー

### SITUATION 187
## 盛り上がった土を元に戻した

同伴競技者がバンカー内で球を打つために足を砂にうずめたところ、近くにあったプレーヤーの球の後ろが盛り上がってしまった。そこで、打つ前に砂を元に戻した。

## 0罰打 そのままプレーを続ける

公正の理念により、球の止まったライからプレーする権利があるので、罰なしで砂をできるだけ初めのライと同じように戻すことができる。

規則1－4・参照

バンカー

SITUATION **188**

## 転びそうになって
## クラブを砂につけた

球を打つためバンカーに入ったら、斜面に足を取られて転びそうになり、思わずクラブを砂につけてしまった。

### **0** 罰打 そのままプレーを続ける

バンカー内で転びそうになりクラブを砂につけても、球のライの改善や砂のテストにならない限り、罰はない。

規則13-4例外1(a)・参照

## バンカー

### SITUATION 189
# バンカーにクラブを投げ入れた

クラブをバンカーに投げ込んでからバンカーに入り、球を打った。

> 先に投げ入れちゃえ!!

## 0罰打 そのままプレーを続ける

投げ込まれたクラブによって球が動いたりしなければ、罰はない。クラブをバンカーの中に置いたことと同様に認められる。

規則13-4・参照

## バンカー

### SITUATION 190
# 球が足に寄りかかるようにして止まった

バンカーショットをしたら、球がバンカーのアゴに当たって戻り、足に寄りかかるようにして止まった。足をどけたら球が動いてしまった。

## 1罰打 リプレースしてプレーを続ける

打ったプレーヤーに球が当たって止められたのだから1罰打になる。足をどかしたことにより球が動いても罰の重課はない。球が足に寄りかかり止まっていたところに球をリプレースする。

規則19-2・参照

## バンカー

### SITUATION 191
# バンカーの斜面を崩してスタンスをとった

バンカーの斜面に球があるので、スタンスがうまくとれない。そこで、バンカーの斜面の土を少し崩してスタンスをとった。

「スタンスの場所を作っちゃえ!!」

## 2罰打 そのままプレーを続ける

スタンスの場所を作ることは2罰打の違反になる。足でバンカーの砂をこねながら深く掘ったりして足元を安定させていることがあるが、必要以上にやるとスタンスの場を作ったことにされて、違反になる。

規則13-3・参照

バンカー

SITUATION 192

# ホールに近い球を拾い上げた

球が2つバンカーの中で寄り添うように並んでいた。そこで、ホールに近い球をマークして拾い上げてもらい、プレーした。

## 0罰打 リプレースしてプレーを続ける

後から打つホールに近い球のプレーヤーに球をマークして無罰で拾い上げてもらう。球を拾い上げたプレーヤーは先のプレーが終わったあと、マークしてある地点に球をリプレースする。先に打ったショットで砂の状態が変わったら、初めのライと同じように元に戻して、球を前の位置にプレースする。

規則10-2b 20-3b 22-2・参照

## バンカー

SITUATION **193**

# バンカー内で
# スタンスを2度取り直した

クラブを持ってバンカーに入りスタンスをとったが、目玉だったので、クラブを取り替えてバンカーに入り直しスタンスをとった。

> スタンスを取り直そう

## 0罰打 そのままプレーを続ける

クラブを取り替えてスタンスをとり直してもハザードの状態をテストしたことにはならないし、バンカー内でクラブを取り替えたり、スタンスを2度とることも禁止されていない。

規則13-3　13-4・参照

バンカー

SITUATION 194

# 打球がキャディーの持つバンカーならしに当たった

バンカーから打った球が、キャディーの持っていたバンカーならし（レーキ）に当たって、方向が変わった。

## 1罰打 そのままプレーを続ける

バンカーならしは置かれていた場合は人工物だが、キャディーが持っているときには、キャディーがこのプレーヤーの球の動きを変えたことになり、違反。キャディーによる規則違反はプレーヤーが負うので、1罰打はプレーヤーに課される。

規則19-2　裁定集19-2／10・参照

# パッティンググリーン

## SITUATION 195
### エッジの球がグリーンに触れている

バンカーショットをしたら、球がエッジに止まった。よく見ると球の一部がグリーン面に触れていたので、カラーにマークして拾い上げた。

## 0罰打 リプレースしてプレーを続ける

球の一部でもグリーン面に触れていれば、グリーン上の球になるので、マークして球を拾い上げることができる。たとえカラーから球がグリーン上に突き出ていても、球がグリーン面に触れていなければ、グリーンに乗ったことにはならない。

定義45・参照

## パッティンググリーン

**SITUATION 196**

# ホールに近いグリーン外の球を先に打った

グリーン外にある自分の球が、同伴競技者のグリーン上の球よりホールに近かったが、グリーン外なので先に打った。

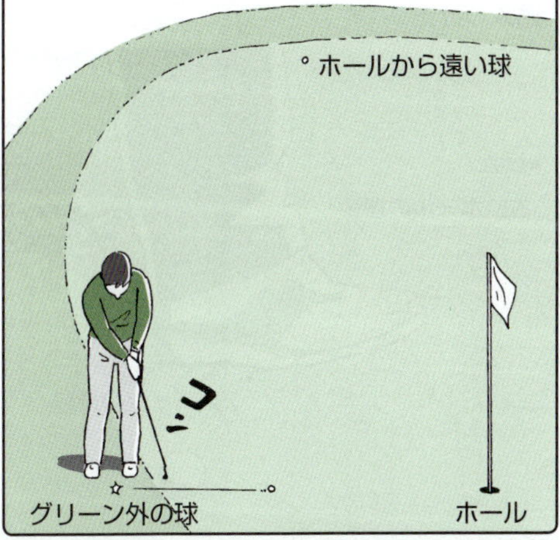

○ ホールから遠い球

グリーン外の球　　　　ホール

## 0罰打　そのままプレーを続ける

あくまでも「遠球先打」が原則だが、ストロークプレーでは、競技者のうち1人を有利にするために異なる順番でプレーしたのでなければ、順番を間違えても罰はない。そのままプレーを続ける。

規則10-2c・参照

# パッティンググリーン

## SITUATION 197
### スパイクの傷跡を踏みつけた

パット線上にある凹んでいる古いホールの埋跡を直そうとして一歩足を踏み込んだとき、付随的にそのそばにあったスパイクの傷跡を踏みつけた。

古いホールの埋跡
スパイクの傷跡

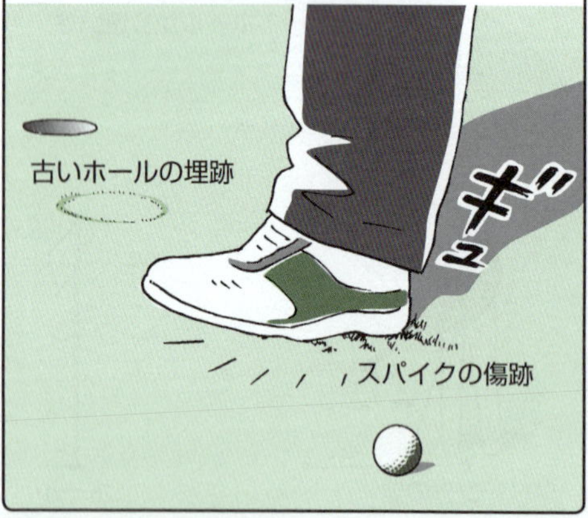

## 0罰打 そのままプレーを続ける

グリーン上で古いホールの埋跡を直すことはできるが、その際パットの線上のスパイクの傷跡を意図的に踏むと違反（2罰打）になる。ただし、ボールマークや古いホールの埋跡の上にあるスパイクの傷跡を付随的に踏みつけ修理されても罰はない。

規則16-1a　16-1c・参照

## パッティンググリーン

### SITUATION 198

## ボールマークを直してパットする

グリーンに上がってみたら、球とホールの間にボールマークがあったので、それを直してからパットした。

ホール
ボールマーク

### 0罰打 そのままプレーを続ける

グリーン上でパットをする前に直せるのは、球の落ちた勢いでできたボールマークと、古いホールの埋跡だけ。スパイクによる損傷などは、プレーが終わってから直す。

規則16－1c・参照

# パッティンググリーン

## SITUATION 199
## パットの線上に水たまりがある

ホールと球の間に水たまりがあってパットしにくい。球を水たまりから避けられるところへ動かしたい。

> どうしよう打てないよう!!

水たまり

### 0罰打 水たまりを避けられる位置に球をプレース

パッティングライン上の水たまりはカジュアルウォーターだから、罰なしに球を拾い上げ、ハザード以外の所の救済のニヤレストポイントにプレースする。完全な救済を受けられないときは、その障害から最大限の救済が受けられ、しかもホールに近づかず、球のあった箇所にできるだけ近い所にプレースする。

規則25-1b・参照

## パッティンググリーン

### SITUATION 200
## パターの背面で打ち
## ホールアウトした

バーディパットがカップ（ホール）に蹴られ、カップから数センチの所に止まったので、パターの背面を使ってホールアウトした。

### **0罰打** ホールインは認められプレーは終了

球は必ずフェースで打たなくてはならないという規則はなく、ヘッドのどの部分で打っても構わない。ただ、押し出したり、かき寄せたり、すくい上げたりすると、違反（2罰打）になる。

規則14－1・参照

## パッティンググリーン

### SITUATION 201
# 距離の異なる位置から同時に打った球が当たった

自分の球よりホールから遠い位置でパットを打った人がいることに気づかず、自分も打ってしまい、2つの球が止まる前にぶつかってしまった。

## 2罰打 リプレースしてプレーを続ける

他の球がグリーン上でストロークされて動いている間は、ストロークしてはならないが、自分の順番であったプレーヤーには罰はない。つまり、遠い位置からパットを打った人には罰はなく、近くから打った人は球が当たったかどうかにかかわらず、2罰打が付加。球が当たった場合は両者とも打ち直しをする。

規則16-1f 19-5b・参照

# パッティンググリーン

## SITUATION 202
## 同時にパットした2つの球が当たった

ホールからほぼ同じ距離に乗った2つの球を、不注意にも2人が同時にパットしてしまい、2つの球が当たってしまった。

同時にパットした球が当たる

## 0罰打 リプレースしてプレーを続ける

球を同時にパットした場合は、2人とも罰はなく、そのストロークを取り消して球のあった元の位置に戻して置き（リプレース）、プレーを続ける。

規則19-5b・参照

## パッティンググリーン

### SITUATION 203
# 止まった球が風でホールインした

パットした球がカップのふちで止まったように見えたので、カップ方向へ歩き出したら、球が風に動かされてカップの中に落ちた。

> あっ
> ラッキー!!

## 0罰打 ホールインが認められる

風と水は局外者ではないので、それにより動かされた球はインプレーの球であり、止まったところからプレーを続けることになっている。したがって、そのストロークでホールインしたことが認められる。また、プレーヤーは不当に遅れることなくホールに歩み寄る時間に加え、球が止まったかどうかを確かめるためにさらに10秒間待つことができる。

定義41　規則16－2・参照

パッティンググリーン

### SITUATION 204
# 同伴競技者の球が動いているのに自球を拾い上げた

同伴競技者がパットして球がまだ動いているのに、自分の球をマークして拾い上げてしまった。

動いている球

拾い上げる

## 0罰打 そのままプレーを続ける

同伴競技者のパットして動いている球の援助や妨げにならない限り、自分の球を拾い上げても罰はない。ただし、同伴競技者のパットした球が、自分の球に当たりそうになったために拾い上げると、2罰打になる。

規則16－1b　22・参照

# パッティンググリーン

## SITUATION 205

## パットの線をスパイクで傷つけた

長いバーディパットが入ったので、うれしさのあまり飛び上がった拍子に、同伴競技者のパッティングライン上にひどい傷をつけてしまった。

パットの線

## 0罰打 グリーン上の損傷を修理してプレーを続ける

同伴競技者の球がグリーン上に止まった後で、たまたまスパイクによるひどい損傷をつけてしまったのだから、公正の理念に従って、パットの線を修復することができる。パットの線を修復することが不可能な場合は委員会に救済を求めることができる。

規則1-4　16-1a・参照

パッティンググリーン

## SITUATION 206
# コインがパターの裏について移動した

グリーン上にマークしたコイン（ボールマーカー）をパターの底で押さえ、グリーンの外へ出ようとしてパターの底を見たら、コインがくっついていた。

## 0罰打 リプレースしてプレーを続ける

規則に基づいて球を拾い上げたり、マークしたりするときに、偶然球やボールマーカーを動かしても罰はない。コインを押さえるというのは「マークする」という直接的な行為に結びつけられる。したがって、リプレースか、元の位置が不明なときはホールに近づかずに、球があったと思われる位置にできるだけ近い地点にプレースする。

規則20-1　20-3a　20-3c・参照

# パッティンググリーン

### SITUATION 207
## ボールマーカーを落とし球を動かした

マークするためポケットからボールマーカーを取り出そうとして、たまたま球の上に落とし、球を動かしてしまった。

（あれっ動いた!!）

## 1罰打 リプレースしてプレーを続ける

インプレーの球を動かしたことになり、1罰打加え、球を元の位置に戻して置き（リプレース）、プレーを続ける。マークする行為そのもので球が動いたのであれば、罰はない。

規則18－2a　20－1・参照

## パッティンググリーン

### SITUATION 208
# 球を落としグリーン上の球を動かした

グリーン上で拾い上げて持っていた球を誤って落とし、グリーン上に止まっていた同伴競技者の球に当たり、動かしてしまった。

## 0罰打 リプレースしてプレーを続ける

拾い上げられた球はインプレーの球ではなく携帯品なので、だれにも罰はない。球を動かされた同伴競技者は球を元の位置にリプレースしてプレーを続ける。

定義16注 規則18-4・参照

# パッティンググリーン

## SITUATION 209
## マークしないで球を拾い上げた

慌てていて、不注意にもグリーン上に止まっている球を拾い上げてから、球のあった所にマークしてしまった。

マークしないで拾い上げる

## 1罰打 リプレースしてプレーを続ける

グリーン上の球を含み、リプレースを要する規則に基づいて球を拾い上げるときは、必ずボールマーカー（コインなど）を置かなければならない（マークする）。マークせずに球を拾い上げたときは1罰打を課して、球を元の位置に置かなければならない（リプレース）。

規則20-1・参照

パッティンググリーン

SITUATION 210

# キャディーの指した旗竿を狙いパットした

旗竿に付き添っているキャディーにパットのラインを聞いたら、「この旗竿の根元狙い」と竿先で指して教えてくれたので、旗竿をそのままにしてもらい、パットした。

## 2罰打 そのままプレーを続ける

球がグリーン上にある場合、ストロークの前にパットの線を示すことはできるが、その際グリーン面に触れてはならない。

規則8－2b・参照

# パッティンググリーン

## SITUATION 211

## パットしたら同伴競技者の球に当たった

パットした球がカップ（ホール）を半回転して飛び出し、カップの横に止まっていた同伴競技者の球に当たってしまった。

### 2罰打 球の止まった所からプレーを続ける

双方の球がグリーン上にある場合、止まっている他のインプレーの球に当てると、打った本人に罰がつく。球の止まった所からプレーを続けることになり、同伴競技者の球は元の位置に戻して置く（リプレース）。

規則18-5　19-5a・参照

# パッティンググリーン

## SITUATION 212

## ホールと球の間の砂を取り除いた

バンカーショットをしたら、ホールと球の間に砂が飛び散ったので、手でその砂を取り除いた。

飛び散った砂

### 0罰打 そのままプレーを続ける

グリーン上では砂もルースインペディメントになり、取り除ける。そのとき、取り除く行為が直接原因で球が動いても罰はなく、元の位置に球を置いて(リプレース)、プレーを続ける。

規則16-1a 18-2a 23-1・参照

# パッティンググリーン

## SITUATION 213

### 球が当たりそうなのでキャディーが旗竿を抜いた

距離の長いパットなので、まさか当たるまいと思い旗竿を立てたままパットしたら、球が旗竿に当たりそうになったので、キャディーが慌てて抜いた。

共用のキャディー

## 2罰打　そのままプレーを続ける

ストロークする前に旗竿に付き添わせたり、取り除かせたり、さし上げたりしていた旗竿を取り除くことができるが、ストロークする前に立っている旗竿に付き添っていなかったときには、プレーヤーの球が動いている間は球が当たりそうだという理由で、旗竿を取り除くことはできない。

規則17-1・参照

パッティンググリーン

SITUATION 214

## 球が当たりそうなので同伴競技者が旗竿を抜いた

長いパットなので、まさか入るまいと思い、旗竿を立てたまま打ったら、球がころがっている間に同伴競技者が慌ててホールに近づいて、旗竿を抜いてくれた。

### 0/2罰打 そのままプレーを続ける

ストロークする前に旗竿に付き添わせたり差し上げさせていた場合は、球が動いている間に旗竿を取り除くことができるが、そうでない場合は取り除くことはできない。だが、それを取り除いたのが同伴競技者である場合、他の人の球の動きを変えるかもしれない行為をしたことになり、その人が2罰打を受ける。球を打った人は自分が抜くことを頼んだのでなければ、無罰。

規則17−2・参照

# パッティンググリーン

## SITUATION 215
### 同伴競技者の足に当たってホールインした

パットして動いている球が、グリーン上でよそ見をしていた同伴競技者の足にたまたま当たり、ホールに入ってしまった。

## 0罰打 リプレースして打ち直す

そのパットを取り消し、球を元の位置に戻して置き（リプレース）、打ち直す。似た例でも、グリーン外からアプローチした球が同伴競技者の足に当たって方向が変わり（ラブオブザグリーン）、カップインしたのであれば、それは認められる。

規則19-1b 19-4・参照

パッティンググリーン

SITUATION **216**
# 旗竿に球が当たり
# ホールインした

ホールの向こう側に旗竿が置かれていたが、上りのラインだったので、そのままパットしたら球が旗竿に当たり、カップインしてしまった。

## **2** 罰打 カップインは認められる

グリーン上で打った球が、グリーンの内外に関係なく置かれている旗竿に当たると、罰がつく。誰にも付き添われていない旗竿の場合も同じ。球は止まった所から、次のプレーをすることになっているので、カップインは認められる。

規則17-3・参照

## パッティンググリーン

SITUATION 217
# 旗竿を抜くと球が出てしまった

グリーンの外からアプローチしたら、球が直接旗竿に当たり、ホールのふちと旗竿に挟まれるようにして止まったので、旗竿を抜いたら球が飛び出してしまった。

飛び出した球

### 0 罰打 ホールのふちに球を置きプレーを続ける

球全体がホールのふちより下にあり、ホール内に止まっていれば「ホールイン」したことになる。旗竿に寄りかかっている（ホールインしていない）球が旗竿を抜くことで外に飛び出したのだから、ホールインしたことにはならず、ホールのふちに球を罰なしに置き（プレース）プレーを続ける。

定義27　規則17－4・参照

パッティンググリーン

SITUATION 218

## 「OK」が出たので球を拾い上げた

グリーンの外からアプローチしたらホールの50cm手前に止まった。同伴競技者が「OK」を出してくれたので、その球を拾い上げた。

### 1罰打 リプレースしてプレーを続ける

ストロークプレーではOKはなく、必ずホールインさせなければならない。マークをせずに球を拾い上げたのだから、1罰打を加え、元の位置に戻して置き（リプレース）、プレーを続ける。正しくホールアウトせずに次のティーショットをする（最終ホールではグリーンを離れる）と、競技失格になる。

規則3-2　18-2・参照

# パッティンググリーン

## SITUATION 219
### プレー終了後ホールのふちの傷跡を直した

同組全員がホールアウトした後でホールのふちの損傷が気になり、パターの底で芝をたたき、平らになるよう修正した。

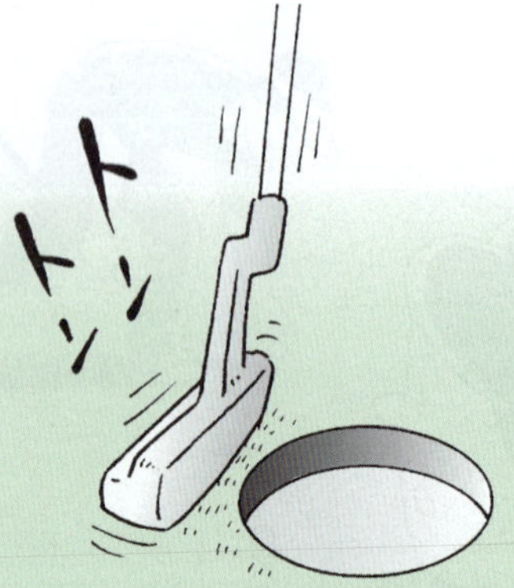

## 0罰打 そのままプレーを続ける

プレーヤーが後続の組への礼儀（善意な行為）としてホールのふちの損傷を修理したのであれば、罰はない。しかし、たとえば同伴競技者にホールインさせやすくするためや、球の動きに影響を与える行為なら、2罰打になる。また、ホールアウト後なので、パットの線に触れたことにはならない。

規則1-2　16-1a　16-1c・参照

パッティンググリーン

SITUATION 220

# パット線上の芝を
# パターで押しつけた

パットをしようとしたら、ちょうどライン上に、少し長く伸びている芝があったので気になり、パターで押しつけて凹凸を直した。

長い芝

**2罰打　そのままプレーを続ける**

パットの線に触れることは7つの例外（規則16－1a）を除いて、固く禁止されている。この事例は許されないケースで、2罰打になる。

規則16－1a・参照

## パッティンググリーン

### SITUATION 221
### 球をキャディーに投げたらバンカーに入った

グリーンに乗ったので球にマークして拾い上げ、球をふいてもらうためにキャディーに放り投げて渡したら、受けそこなってバンカーに入ってしまった。

バンカー

### 0罰打 リプレースしてプレーを続ける

マナー上あまり勧められない行為だが、規則上は無罰になる。この場合、マークして拾い上げた球はインプレーの球ではなくなっている。リプレースしたとき、再びインプレーの球となる。この事例では球をリプレースする前なので、バンカーに入っても問題ない。

規則20-4・参照

## パッティンググリーン

SITUATION 222

# 動かしたボールマーカーを元に戻さずパットした

同伴競技者のパットの線上にあったボールマーカーを動かしたが、リプレースする前にボールマーカーを元の位置に戻さないで、そのまま球を置き、プレーを続けた。

正しい位置

### 2罰打 球の止まった所からプレーを続ける

球を置いてパットした時点で誤所からのプレーになり、2罰打付加し、その球でホールアウトしなければならない。

規則20-3a 20-7c・参照

# パッティンググリーン

## SITUATION 223
## 球で芝を擦るように引き戻した

球をリプレースするとき、ボールマーカーの少しホール寄りに球を置き、芝を擦るようにして、ボールマーカーの前（正しい位置）まで戻し、球をリプレースした。

## 0罰打 そのままプレーを続ける

あまり望ましい行為ではないが、球を置くときにパットの線に触れることは許されているので、その点では無罰になる。しかし、リプレースする際に毛羽立った芝などを押しつけて修正したりして、球の動きに影響を与える行為をすると、2罰打になる。

規則13-2　16-1a・参照

## パッティンググリーン

### SITUATION 224
# ホールと球を結んだ後方線上を踏んだ

かなりスライスするラインだったので、その方向に合わせてアドレスしたら、ホールと球を結んだ線の後方線上を踏んだまま、パットしてしまった。

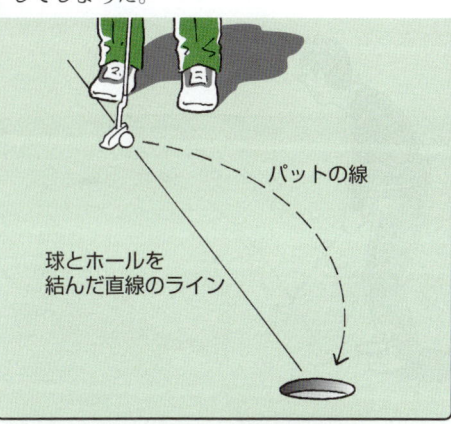

パットの線

球とホールを結んだ直線のライン

## 0罰打 そのままプレーを続ける

パットの線とはプレーヤーが実際に球を打とうとしているラインのことで、ホールと球を結んだ直線ではない。したがって、このケースのような場合、その直線を踏んでもパットの線を踏んだことにはならない。

定義31　規則16-1e・参照

# パッティンググリーン

SITUATION 225

## インプレーでない球に当たった

グリーン上に置かれている拾い上げられた同伴競技者の球に、パットした球が当たってしまい、ホールの反対側に転がってしまった。

### 0罰打 球の止まった所からプレーを続ける

拾い上げられた同伴競技者の球はインプレーの球ではなく、携帯品なので、罰はなく、球がその携帯品に当たり方向が変えられて止まった地点からプレーを続ける。

定義16注 規則19-4・参照

## パッティンググリーン

### SITUATION 226
# 球1個分離してマークした

球を動かすと罰打をとられると考え、グリーン上で球にマークするとき球1個分球から離してボールマーカーを置いて球を拾い上げた。

## 1罰打 リプレースしてプレーを続ける

マークを球から球1個分も離してしたら、正確にマークしたことにはならない。球を拾い上げたことにより1罰打がつく。拾い上げた球は元の位置にリプレースしなくてはならない。

規則20-1・参照

# パッティンググリーン

## SITUATION 227
## キャディーが球をリプレースした

プレーヤーはグリーン上で拾い上げた球をふいてもらうつもりでキャディーに渡したら、キャディーは球をふいてそのままリプレース、プレーヤーはプレーした。

### 1罰打 そのままプレーを続ける

そのままプレーすれば、プレーヤーが球を拾い上げたのだから、プレーヤー自身がリプレースしなければならない規則に違反し、1罰打となる。プレー前であれば、プレーヤー自身が罰なしに球を拾い上げ、リプレースしなければならない。

規則20-3a　20-6・参照

# パッティンググリーン

## SITUATION 228
## 左手で傘を持ち 右手で球を打った

陽ざしがまぶしかったので、左手で傘を持ち、右手でパターを持って球を打ち、カップインさせた。

### 0罰打 カップインは認められる

プレーヤー自身が片手で傘を持ち、もう一方の手でパターを持って球をパットしても罰はない。ストロークをするとき、他の人から物理的な援助や保護を受けると、2罰打になる。

規則14-2・参照

# パッティンググリーン

## SITUATION 229
## パットの線上の砂を帽子で払いのけた

バンカーショットをした後で、パッティングライン上に散らばった砂（ルースインペディメント）を、帽子を使って払うようにして取り除いた。

### 0罰打　そのままプレーを続ける

どのような方法で取り除いてもよいが、取り除く際に何も押さえつけなければ罰はない。

定義32　規則16－1a・参照

# パッティンググリーン

## SITUATION 230
## パットの後方延長線を踏んでストロークした

短いパットが残り、先に打とうとしたら、同伴競技者のパットのラインを踏みそうになったので、自分のパットラインを踏んで打ち、カップインさせた。

同伴競技者のパットの線

## 0罰打 カップインは認められる

グリーン上ではパットの線やその後方延長線をまたいだり踏んだりして、スタンスをとってストロークしてはならないことになっているが、不注意によるものや他のプレーヤーのパットの線上に立つことを避けるためにする場合には、罰にはならない。

規則16-1e・参照

[監修者略歴]
**社団法人日本プロゴルフ協会**(専門競技委員会)
1957年7月27日設立、1981年1月14日社団法人化
PGAトーナメントプレーヤーやPGAティーチングプロの資格認定、ゴルフ競技の主催。また、ゴルフの技術、ルールおよびマナーの指導および普及奨励、調査研究や、刊行物の企画および出版などが主な事業。

執筆協力/長沢潤
編集協力/城所大輔(エフプラス)
協力/せいとう企画社
本文イラスト/中村知史

# 最新 ゴルフルールハンドブック

監修者/社団法人日本プロゴルフ協会
発行者/永岡修一
発行所/株式会社永岡書店
〒176-8518 東京都練馬区豊玉上1-7-14
電話 03-3992-5155(代表)
　　 03-3992-7191(編集)
印刷所/精文堂印刷
製本所/若林製本工場

ISBN978-4-522-43073-6 C2075
落丁本・乱丁本はお取り替えいたします。③
本書の無断複写・複製・転載を禁じます。